日曜日は料亭気分

高橋良明

おいしく作るこつは愛情

おいしく料理をつくるコツは、愛する人に食べてもらうつもりで調理することです。彼や彼女、家族や友達のことを思いながら楽しくつくることです。そうすると献立も自然に湧いてきますよ。

私は宮城県加美町の料理屋に生まれました。幼くして父を亡くし、母が女手一つで六人の子どもを育てました。母はおにぎり一つにも心を込めてにぎっていました。どんな人にもおいしい物を食べさせてあげようとする母の背中を見て、料理人になろうと思いました。

上京し十八歳から料理人になって五十六年たちます。二十一歳の時に政府高官や国賓をもてなすこともある新橋の老舗料亭「金田中」に入ることができました。初代岡副《おかぞえ》鉄雄さんの言葉を今も肝に銘じて厨房《ちゅうぼう》に立っています。

「国賓であろうと誰であろうと全部同じ気持ちで出せば良い」

誰に対しても身構える事のない平常心を教わりました。結局、母と同じなんですね。「心を込めて」に尽きるんです。

お客さんとカウンター越しにお話しする中で好き嫌いを覚えるようになりました。この方には、こういう味で料理を出す。薄味なのか、甘辛味が好きなのか。頭に入れておくんです。皆さんにも自分の家《うち》の味があると思います。そして食べていただく相手の育った地域、環境によっても好みはさまざま。そうすると煮込む時間や調味料の量なども違ってきます。

この本のレシピは、金田中で培った技をベースに、もともと店でお出ししているものもありますし、今回のために考え、その後店でお出ししたものもあります。寿司酢や玉みそなど、作りやすい分量で多めにつくって必要分だけ使う合わせ調味料も出てきますが、これらもまずはつくってみていただいて、ご自分の感覚や相手の好みに合わせ、使う分量を加減してみてください。

「食べさせてあげたい」という思いを隠し味に、本のレシピを参考にしていただければ幸いです。

【お品書き】

春

夏

【お品書き】

秋

冬

◉割表——ずっと使ってきた合わせ調味料の黄金比

単位のないものは合。例：二杯酢は濃口醤油1合、酢1合で1：1

	出汁	味醂	薄口醤油	濃口醤油	砂糖	酢	水	酒	他	備考	用途
二杯酢				1		1					酢の物
三杯酢		1		1		1					酢の物
土佐酢	7	1	2			3				火に掛けてから追い鰹	酢の物
吸酢	7.5	1	1			1 ちどり酢			追い鰹30g	火に掛けてから追い鰹	酢の物　小鉢
ポン酢		0.5		6		0.5			だいだい5合 焼昆布30g　追い鰹30g	1週間後に漉す	酢の物　鍋物
寿司酢					132g	1			塩45g	米1升に対して。一度沸かす	寿司
ちり酢	4	1	1			煮切り 2				出汁1対合せ地1	大根おろしを入れ天出汁の代わりに
南蛮酢	6	1	1		大匙1	1				一度沸かす	揚げた魚と玉ねぎなどを漬ける
ピクルス酢					50g	1（90cc）	3（270cc）		塩少々	一度沸かす	胡瓜、玉葱、セロリなどを漬ける
魚だれ		7		6	上白糖 120g			7	たまり1合 焼魚骨少々	一割ほど煮詰める	焼物
煎り酒		0.3	1					7	焼梅干し5個 煎米0.5合	30分ほど弱火で煮詰める	醤油代わり
玉味噌								煮切り 6	西京白漉味噌2kg 卵黄20個	火に掛けよく練る	野菜の風呂吹き 酢味噌
寄せ鍋	13〜14	1	1					1			鍋汁
天出汁	5	1		1					追い鰹5g		天ぷらのつゆ
八方出汁	8	1	1								野菜煮含め全般、野菜の浸し物

	出汁	味醂	薄口醤油	濃口醤油	砂糖	酢	水	酒	他	備考	用途
餡	10	1	1						片栗粉か吉野葛	野菜に掛けるときは吉野葛で	煮野菜　大根おろしを入れて魚の唐揚げ
麺つゆ（冷）	8	1	1						追い鰹10g		麺類
麺つゆ（温）	13〜15	1	1						追い鰹10g		麺類
柚庵地		1		1				1	柚子1/2個		魚の漬け汁　尼鯛、魴、鰤、鰆など
味醂干地		1		1				1		20分ほど漬けて干す	鰯、秋刀魚など
筋子醤油漬け		1		3				煮切り5		15分ほど漬けて岡上げ	
柳川鍋汁	4.5	1	0.5	0.5				1			
若狭地		10cc	10cc					180cc			尼鯛塩焼の掛け汁
自家製豆腐									豆乳1合　にがり3g	豆乳ににがりを入れ蒸し上げる	
土佐醤油	5	1		10				1	たまり0.5合　昆布20g　鰹節20g	火に掛け鰹節を漉す	お造り

◉一番だしの取り方

1 鍋に水1リットルと昆布6グラムを入れて約2時間置いた後、中火にかける。沸騰する前に（昆布に小さな泡がつき始めたら）、昆布を引き上げる。

2 ①におたま1杯分（約50ミリリットル）の水を入れて約80度に温度を下げ、かつお節25グラムを入れて火を止める。

3 かつお節が下に沈んだら、ネルの布（なければペーパータオル）でこす。

◉二番だしの取り方

1 一番だしで使ったかつお節を鍋に入れ（昆布は入れても入れなくても良い）、水1リットルを入れてあくを取りながら、沸騰させないように中火で約20分、ことこと煮出す。

2 ①にかつお節約20グラムを加え、さらに30分ほど中火で煮た後にネルの布でこす。

●材料は４人分です。
●合わせ調味料などは、作りやすい分量にするため多めにしているものがあります。
その都度記載してありますが、ご注意ください。
●材料の「だし汁」はすべて二番出汁です。

春

春をことほぐ　食卓の彩り

鯛と菜の花のばら寿司

匠のひと手間

「ばら寿司」はお祝い事の多い春にふさわしい一品。主役の鯛《たい》は昆布締めにすると上品な口当たりになります。昆布は表面を酒でぬらして柔らかくしてから、うまみを浸透させるのがプロの技です。

寿司酢は、火にかけて少し酢を飛ばすと優しい味わいに。ここで作る量は多めですが、冷蔵庫で2～3カ月持ちます。3合の米に対し、寿司酢は3～4勺《せき》（1勺＝10分の1合）が適量です。

どんこの甘煮は醤油を2回に分けて加えると辛くなりません。たまり醤油を加えると、つやが出ます。

材料

- タイの切り身（刺し身用）—400グラム
- 米—3合
- 菜の花—1輪
- 車エビ—8尾
- 卵—3個
- 乾燥昆布—2枚
- 木の芽—少々
- ショウガ—30グラム
- 白ゴマ—適宜
- A（酢90cc、砂糖65グラム、塩20グラム）
- どんこの甘煮—8個

作り方

1 タイは包丁を右斜めに寝かして入れ、手前に引いて薄く切る。

2 キッチンペーパーに酒（分量外）をたらし、乾燥昆布の両面を拭いて柔らかくする。タイを昆布2枚で挟み1～2時間置く＝**写真**。

3 米を炊き、ご飯にAを（全量ではなく加減して）まぜて冷ます。ショウガの千切りと白ゴマを加えてまぜる。

4 菜の花は半分に切り、塩少々（分量外）を加えてゆでる。

5 エビは背わたを取る。湯が沸騰する前に塩小さじ2、酒少々（いずれも分量外）を加えゆでる。

6 卵を溶きほぐして一度ザルなどでこし、塩小さじ1（分量外）を加えてボウルでかきまぜる。小さめのフライパンに油（分量外）を薄くひき、半量を流し込んで弱火で焼く。固まったら裏返し、反対側も焼く。同じ要領で残

器提供：高橋良明

りの半量を焼き、1枚を3等分に切って重ね、端から細く切っていく。

7 どんこの甘煮は半分に切る。

8 器に③を盛り付け、④〜⑦とタイ、木の芽を飾る。

どんこの甘煮

材料

どんこ（干しシイタケ）— 50グラム

A（砂糖75グラム、みりん大さじ2、醤油1/4カップ、たまり醤油小さじ4）

作り方

1 どんこはボウルに入れひたひたの水（分量外）に一晩浸して戻しておく。軸は切り落とす。

2 戻し汁のうち2½カップ分とどんこを鍋に入れる。砂糖とみりんを加え、落としぶたをして弱火にかける。10分後に醤油½を加え、その10分後に残りの醤油とたまり醤油を入れる。アクを取りながら、汁気がなくなるまで1時間40分ほど煮込む。

華やかに祭る　早春の幸

さざえ木の芽素焼き、菱玉子、菜の花辛子浸し

匠のひと手間

ひな祭りに合わせて華やかに仕上げました。

白みそに卵黄を加えるとコクが出ます。「玉みそ」と呼ばれ、冷蔵庫で1カ月ほど保存可能です。

玉子の素は調味料の入っていない自家製のマヨネーズです。

菱玉子は黄身の部分を上にして平らにせず、蒸すやり方もあります。

菜の花は浸し汁に漬けて味をしみこませてから、カラシを入れるのがポイント。辛くなりすぎず、カラシの風味が楽しめます。色味がとんでしまうので、長く漬けすぎないで。

さざえ木の芽素焼き

材料

サザエ（130グラム）—4個
玉みそ（白みそ250グラム、酒135cc、卵黄2個分）
玉子の素（卵黄1個分、サラダ油180cc）
玉ネギ—1/4個
サラダ油—適量
木の芽—適量

作り方

1 サザエを10分ほどゆでて中身を取り出し、薄く切る。
2 玉みそを作る。鍋に白みそを入れて弱火にかけて、酒で20〜30分練る。しゃもじに付くぐらい粘り気とつやが出たら、溶いた卵黄2個をまぜ2〜3分練り込む。使うのは大さじ1。
3 玉子の素は、卵黄を泡立て器でまぜ、サラダ油を少しずつ加えてマヨネーズ状に。使うのは1/4量。
4 玉ネギをみじん切りにして炒め、玉みそと玉子の素をまぜる。木の芽を細かくたたいて合わせ、サザエの身と一緒に殻に詰める。
5 食べるときグリルで1分ほど焼き、表面に焼き色をつける。

菱玉子

材料

卵豆腐用蒸し器（11×14センチ）に合う量
卵—10個　砂糖—60グラム
塩—4グラム　抹茶—小さじ2

作り方

1 ゆで卵の白身と黄身を分けて裏ごしし、それぞれに砂糖30グラムと塩2グラムを入れる。白身を2等分し、一方に抹茶を

器提供：原　武

入れる。
2 黄身、抹茶入り白身、白身の順に蒸し器に入れ、表面を一文字（金属製のへら）で平らにし、13分ほど弱火で蒸す。蒸し上がったらひし形に切る。

菜の花辛子浸し

材料
菜の花 ― 1束
漬け汁（だし汁160cc、みりん20cc、薄口醤油20cc）
玉みそ（さざえ木の芽素焼きでつくったもの） ― 大さじ1
洋ガラシ ― 小さじ2

作り方
1 菜の花を軽くゆで、漬け汁に15分以上漬けておく。
2 玉みそと洋ガラシをまぜ、漬け汁でのばしとろみをつける。菜の花を30分ほど漬ける。

海老真丈入り　華やか一品

油目の花びら揚げ

匠のひと手間

油目《あいなめ》は春が旬の魚です。手に入らない時は平目などの白身魚でも作れます。油目の身は淡泊で、天ぷらや空揚げなどの揚げ物のほか、煮付けや照り焼きと、いろいろな食べ方で楽しめる食材です。

花びら揚げは包丁で身を開く形から名付けられました。身だけで揚げてもおいしいですが、ここでは海老真丈《しんじょう》を入れ、より豪華な揚げ物にしました。海老は車海老、芝海老がおすすめですが、なければブラックタイガーでも。

玉子の素を入れることで海老真丈の揚がり方がふんわりとし、時間がたっても硬くなりにくいです。市販のマヨネーズで代用してもいいですが、その場合は塩、コショウは入れなくても大丈夫です。

材料

アイナメ―1匹（300グラム）
エビ―240グラム　玉ネギ―½個
卵の黄身―1個分
サラダ油―45cc　パン粉―大さじ1
塩―少々　コショウ―少々
かたくり粉―適量　タラの芽―4個
ダイコン―¼本
アサツキ（小口切り）―大さじ2
A（小麦粉40グラム、卵½個、水80cc）　酢―20cc
B（だし汁80cc、薄口醤油40cc、みりん20cc）

作り方

1 アイナメは水洗いして三枚におろす。身の真ん中にある骨がかたいので、骨抜きで抜く。皮目を下にし、頭の方の端から3センチのところに包丁を入れ、1ミリの厚さでそぎ身にし、包丁を皮目で止める。もう一度そぎ切りし、皮まで切り落とす＝図。これを4回繰り返し、4つの切り身を作る。もう半身も同様にする。

2 エビは頭、殻、背わたを取り、ペーパータオルで水分を拭く。粘り気が出るまで包丁でみじん切りにする。

3 ボウルに卵の黄身を入れ、泡立て器でまぜながらサラダ油を少しずつ加え、マヨネーズ状になるまでまぜ、玉子の素をつくる。

4 玉ネギはみじん切りにし、フライパンで炒める。冷めたら別のボウルに入れ、②、③、パン粉、塩、コショウを入れ、まぜる。

5 ①の身を広げ、④適量を包み、かたくり粉を薄く振る。160〜170度の油で2〜3分揚げる。

6 ボウルにAを入れてまぜ、天ぷら衣にしてタラの芽をくぐらせ、アイナメと同様に揚げる。

7 酢を鍋に入れて沸騰させ、冷めたらBとまぜる。おろしたダイコンとアサツキも入れる。

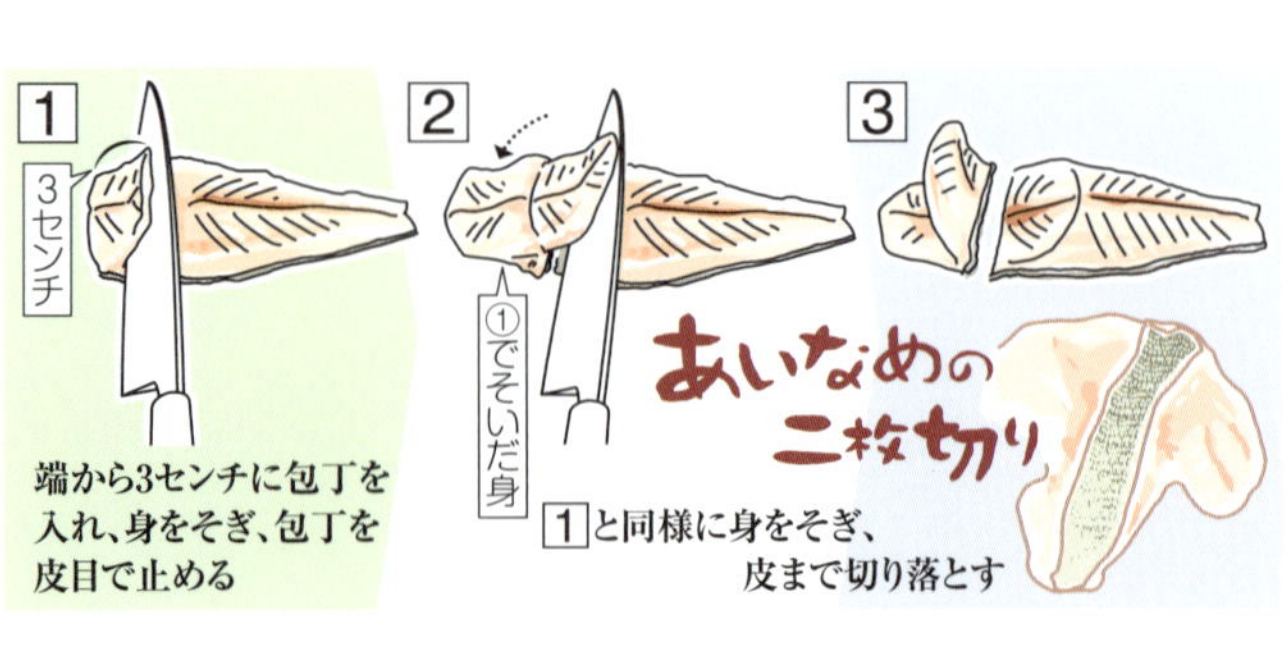

1
3センチ
端から3センチに包丁を入れ、身をそぎ、包丁を皮目で止める
2
①でそいだ身
1と同様に身をそぎ、皮まで切り落とす
3
あいなめの二枚切り

器提供：手塚秀子

体も芽吹く　旬の味わい

油目と俵独活の煮付

匠のひと手間

油目《あいなめ》は小骨が多いので骨切りをします。鱧《はも》の骨切りと似たやり方です。食べても骨が気にならなくなるし、火も通りやすく、見た目もきれいになります。煮付けですので少し厚めの1・5ミリ幅で、皮の手前まで包丁を入れてください。身は生臭さを取るため、さっと熱湯にくぐらせ、霜降りにします。独活《うど》がなければ牛蒡《ごぼう》や焼きネギも合います。牛蒡は5センチの長さに切って縦半分に切り、さらに半分にして油目と一緒に煮てください。焼きネギの場合は、煮上がる直前に入れてください。

材料

アイナメ（500グラム）— 1匹
水 — 540cc　酒 — 180cc
砂糖 — 90グラム　濃口醤油 — 90cc
ショウガ — 適量
ウド — 40センチ　木の芽 — 適量

作り方

1 アイナメは水洗いし、三枚におろす。片身を骨切りして½に切り、1本を4等分してから熱湯にくぐらせ、ザルに上げて水気を切っておく。

2 ①を鍋に入れ、身がかぶるぐらいに3対1の割合の水と酒を入れ、砂糖、醤油の半量、薄切りショウガを入れる。

3 ウドは5センチに切り、皮をむいて俵の形に丸くし、②の鍋に入れて中火の弱で10分ほど煮る。煮上がる寸前に味をみながら残りの醤油を加える。

4 ③を盛りつけ、針ショウガと木の芽をのせる。

器提供：高橋良明

器提供：高橋良明

出汁で湯引き　うま味凝縮
和牛の春野菜巻

匠のひと手間

熱湯にさっと通したり、熱湯をかけたりして、材料の表面だけに熱を通すことを「湯引き」といいます。湯引き後は身を引き締めるために氷水に漬けてアクも抜き、水気を切ります。キャベツと菜の花もゆでてから氷水に漬けますが、これは色落ちを防ぐためです。

材料

牛肩ロース薄切り — 12枚
キャベツ — 4枚
菜の花 — 1輪
乾燥昆布（10㌢角）— 1枚
みりん — 90cc　濃口醤油 — 90cc
酢 — 大さじ4　洋ガラシ — 適宜

作り方

1 昆布は乾いた布巾で汚れを取る。鍋に湯を沸かし、昆布を入れて沸騰させる。

2 鍋を火にかけたまま、牛肉をうすいピンク色になるまで1枚ずつ5秒ほど湯に泳がし、すぐに氷水に漬けて冷やし、ペーパータオルで水気を取る。

3 キャベツ、菜の花はそれぞれ塩ゆでし、氷水につけてザルに上げる。キャベツは半分に切る。菜の花は4等分にする。

4 牛肉の上に菜の花を置いて、端から巻いていく＝**写真**。はみ出た部分は切り落とし、形を整えて巻き終わりを下にする。同じものをあと3つ作る。同じ手順でキャベツを牛肉で巻いたもの、牛肉でキャベツを巻いたものをそれぞれ4つずつ作る。

5 鍋にみりんを入れて沸騰させ、アルコールを飛ばす。冷めたら濃い口醤油、酢をまぜる。

6 ④を器にのせ、好みで洋ガラシを添えて⑤につけていただく。

器提供：東山堂

隠し包丁で軟らか　上品に

筍 木の芽焼き

匠のひと手間

筍《たけのこ》は掘り立ての皮付きで求めて、春の味を楽しみましょう。時間がたつにつれてどんどんアクが出てくるので、手に入れたらすぐに下ゆでを。ぬかがアクを吸収し、タカノツメがえぐみを抑えてくれます。

ゆでたら両面に細い切り込み「隠し包丁」を入れます。表には縦方向に、裏には横方向に切り込みを入れましょう。火の通りが早くなり、子どもやお年寄りも食べやすい軟らかさになります。シコシコの食感も楽しめます。

筍を炊いたら取り出し、たれだけを煮詰め再び戻します。こうすると辛くなりません。

材料

皮付きタケノコ—中2本　ぬか—1カップ
タカノツメ—2〜3本　木の芽—少々
A（砂糖20グラム、濃口醤油45cc、みりん90cc、酒180cc）
タラの芽—8本　卵—½個　水—90cc
小麦粉—40cc　油—適量　塩—少々

作り方

1 タケノコは先端を切り落とし、皮の部分に切り込みを入れる。

2 鍋に①と、水をひたひたに入れる。ぬか、タカノツメを加えて2時間ほどゆで、鍋に入れたまま冷めるまで置く。

3 ②のぬかを洗い流し、タケノコの切り込みから指を入れ皮をむく。根元の硬い部分の皮は、包丁で取り除く。先端以外の部分を輪切りにし、包丁で両面に細く何本も切り込みを入れる＝**写真**。

4 フライパンに油（分量外）をひいて中火で②の両面を焼き、Aを絡め5分炊く。タケノコを取り出してたれを煮詰め、再びタケノコをフライパンに戻し、たれがなくなるまで煮詰める。

5 タラの芽ははかまをはずし、根元に十文字に切り込みを入れる。

6 ボウルで卵と水をまぜてから小麦粉を加えてなじませ、タラの芽にまぶす。170度の油でさっと揚げ塩を振る。

7 ④⑤を皿に盛り、木の芽をタケノコの表面に散らす。

若葉の香りに包まれて

筍と帆立の木の芽味噌焼 空豆艶煮添え

匠のひと手間

筍はトースターで焼いてください。木の芽みそをよい色にするには青寄せを入れます。青寄せは、青菜の葉から緑の色素を抽出することです。ここでは菜の花の茎を使いました。一度火を通しているので色がとびません。木の芽を多く入れると香りが強くなりすぎるので、青寄せで色をつけます。

空豆の艶煮は、薄い皮をむいて煮ます。薄蜜でゆでると、酒の甘さで甘くなり、光沢がでます。

材料

木の芽みそ（玉みそ100グラム、木の芽2グラム）
菜の花の茎 ― 4本
水 ― 360cc
皮付きタケノコ ― 2本
ぬか ― 50グラム
タカノツメ ― 1個
ホタテ ― 4枚
空豆 ― 12粒
薄蜜《みつ》（だし汁120cc、酒20cc、砂糖30グラム、塩2グラム）

作り方

1 木の芽をすり鉢でよく当たり、玉みそを加えて木の芽みそをつくる。
2 菜の花の茎に水を加えてミキサーにかけたものをこし、汁を鍋に入れて火にかける。
3 浮いてきた葉緑素をお玉ですくい、ザルに敷いたガーゼに取って①に混ぜる。
4 タケノコはぬかとタカノツメを入れて2時間ほどゆでる。穂先だけ残して皮をむき、縦¼に切る。軽く焼いて③を塗る。
5 ホタテは殻をはずしてヒモとワタを取り、身に薄塩（分量外）をして焼き、③を塗る。
6 空豆をむき、薄蜜でゆでる。

器提供：進藤兼興

立役者は意外な飲み物

牛バラ肉のやわらか煮

材料

牛バラ肉（ブロック）―500グラム
新キャベツ―½個
A（水1800cc、ジンジャーエール190cc）
砂糖―10グラム
醤油―20cc
粒マスタード―小さじ1

作り方

1 大きめの鍋に食べやすい大きさに切った牛バラ肉とAを入れ、弱火～中火の火加減で、2～3時間煮る。砂糖と醤油を入れ、さらに弱火で、肉が浸る程度に煮汁が残るぐらいまで煮る。
2 キャベツは半分に切り、蒸し器で10分ほど蒸し、さらに半分に切る。
3 皿に①と②を盛り、①の煮汁をかけ、上に粒マスタードをのせる。

間を大切に食感良く煮る

新キャベツの田舎煮

材料

新キャベツ―½個
鶏モモ肉―½枚（約150グラム）
油揚げ―1枚
七味唐辛子―少々
八方だし（だし汁400cc、みりん50cc、薄口醤油50cc）

作り方

1 新キャベツを一口で食べられる大きさに切る。油揚げは縦に半分に切った後、小口切りにする。
2 八方だしの材料を鍋に入れていったん煮立たせ、一口大に切った鶏モモ肉を入れる。一煮えしたら、新キャベツと薄揚げを入れ、1～2分ほど軽く煮る。
3 器に盛りつけて、七味を振る。

ゆでキャベツに合う甘酸っぱさ

新キャベツとサーモンの黄身酢がけ

材料

新キャベツ―½個
スモークサーモン―200グラム
A（卵黄5個分、酢大さじ1、砂糖大さじ1）

作り方

1 キャベツは1枚ずつはがし、1分ほどゆで、冷水に取る。
2 巻きすの上にキャベツを3枚ほどのせ、サーモンを敷き、さらにキャベツを3枚ほどのせる。巻きすをのせ、20～30分重しをする。
3 ボウルにAを入れ、泡立て器でまぜ合わせる。鍋に湯を沸かしてボウルを浮かし、湯煎する。泡立て器でヨーグルト状になるまでまぜる。
4 ②を食べやすい大きさの長方形に切って皿に盛り、③をかける。

器提供：梅村正信

器提供：1864

器提供：1864

ちまき寿司

端午の節句に　成長を願う

匠のひと手間

端午の節句を祝うちまき寿司です。寿司の命はシャリ、つまり寿司飯。ご飯と合わせ酢を、しゃもじで切るようにまぜます。うちわで熱を飛ばし、米のひと粒ひと粒が光って見えてきたら、酢が回った証拠。シャリにしっかり味がついているからこそ、ネタはシンプルな素材が合うのです。

笹は料理を豪華に見せるだけでなく殺菌や防腐効果も期待できます。ネット通販などで手に入り、漬けておく水を替えながら密閉容器で保存すれば3カ月程度持ちます。

蓮根は神社に奉納する破魔矢をイメージした「矢羽根切り」に。子どもの健やかな成長、無病息災の願いを込めました。

材料

谷中ショウガ — 5本
車エビ — 4尾
どんこの甘煮 — 4個
ご飯 — 1合分
A（水120cc、酢20cc、砂糖40グラム、塩小さじ2）
B（酢90cc、砂糖65グラム、塩20グラム）※量は多めの作りやすい量
※どんこの甘煮の作り方はP13参照。

作り方

1 谷中ショウガはさっと湯にくぐらせてから、ザルに上げ塩（分量外）を振ってAに1日漬ける。

2 エビはよく洗い、竹ぐしで背わたを取る。エビの背を伸ばすため、尾から頭に向かって身の真ん中に竹ぐしを刺す。

3 ②を塩、酒少々（いずれも分量外）を加えた湯で3分ほどゆでる。ザルに上げて水気を切り、冷めてから竹ぐしを抜き、頭を取り殻をむく。腹から包丁を入れて開く。

4 Bを弱火にかけ、冷ましてから3分の1程度の量を目安に、味をみながらご飯にまぜる。うちわであおいで、手早く冷ます。

5 ④を8等分し、細長い三角形に握る。エビ、どんこをひとつずつのせる。あればササとイグサで握り寿司を巻く＝図。

6 ①と⑤を皿に盛る。

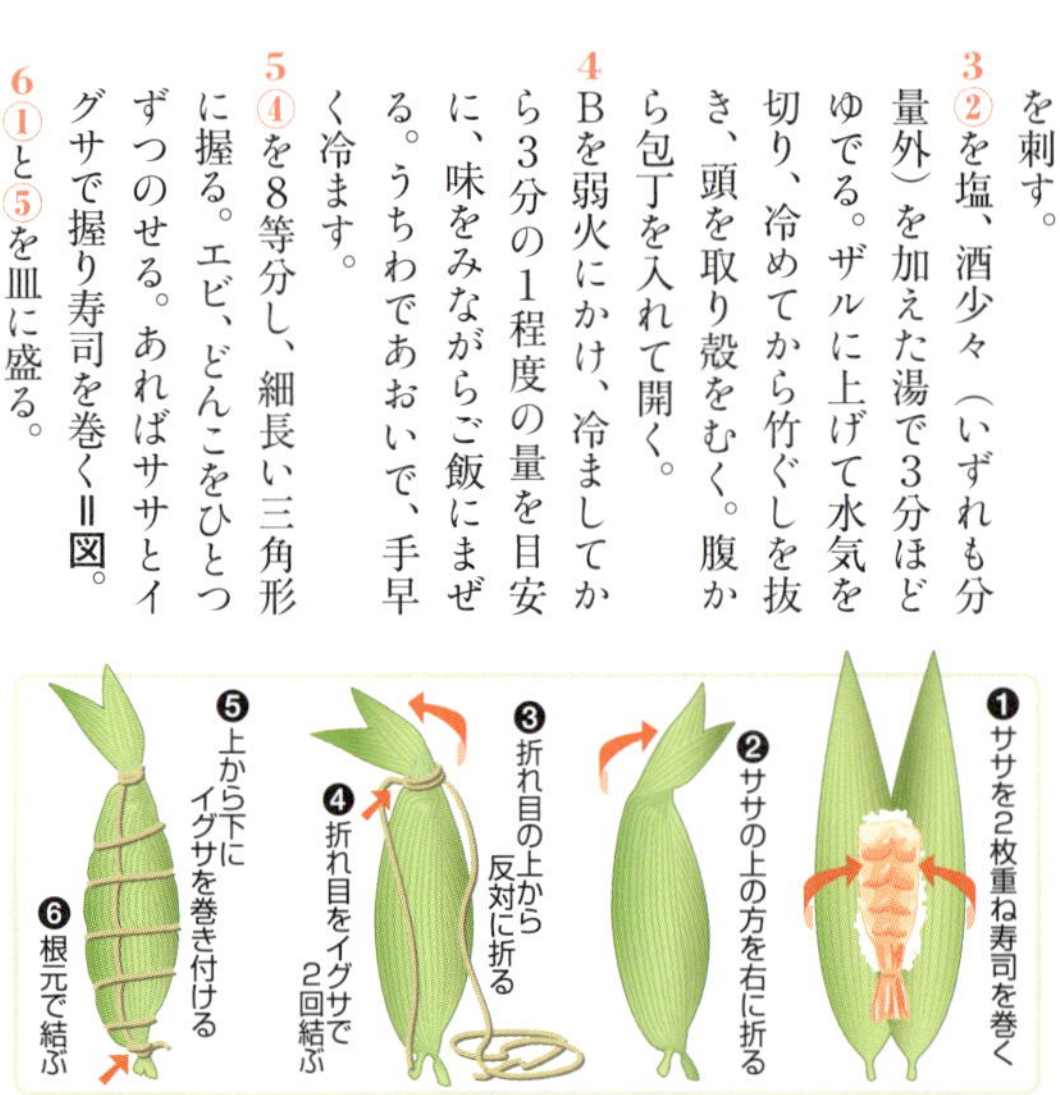

❶ササを2枚重ね寿司を巻く
❷ササの上の方を右に折る
❸折れ目の上から反対に折る
❹折れ目をイグサで2回結ぶ
❺上から下にイグサを巻き付ける
❻根元で結ぶ

器提供：高橋良明

矢羽根レンコン

材料

レンコン ― 1節

A（だし汁360cc、濃口醤油45cc、みりん45cc）

作り方

1 レンコンは皮をむき、1㌢厚さの斜め切りにする。酢水（分量外）でアクを抜き、ゆでる。レンコンをザルにあげ、水にさらす。

2 鍋にA、レンコンを入れ20分ほど弱火で煮る。レンコンを取り出し縦半分に切り、両端は切り落とす。中央の2つを外側に90度回転させ、切り口を上にして合わせ矢羽根の形にする。

茶巾湯取り玉子

茶巾絞り　華やかな卵料理

匠のひと手間

かわいらしい形の玉子を、つややかな吉野あんで食べます。卵の湯取りは、回し入れた卵が浮き上がる瞬間の「まだ生かな」というタイミングですくい上げれば、余熱で固まります。水で冷やすと固めやすく、茶巾に絞れば水分も出て、10分ほどで、しっかりと丸い形になります。

材料

卵ー8個　車エビー8本
シイタケー4個　絹さやー8枚
おろしショウガー少々　塩ー少々
吉野あん（A：だし汁100cc、みりん10cc、薄口醤油10cc、B：かたくり粉大さじ2、水40cc）
八方だし（だし汁40cc、みりん5cc、薄口醤油5cc）
水ー適量　酢ー水の20分の1の量

作り方

1 車エビは塩ゆでし、殻を取って横半分に切る。
2 シイタケは石づきを取り、軽くゆでた後、八方だしで1~2分煮る。
3 絹さやを軽くゆでて、半分の長さに切る。
4 大きめの鍋に湯を沸かし、湯の20分の1の量の酢を入れる。
5 卵2個をボウルに割り入れ、塩少々を入れてさっとかきまぜる。
6 沸騰した湯に⑤を注ぎ入れ、卵が浮いてきたらザル（または手付きザル）ですくい上げ＝**写真**、ガーゼに広げる。中に①、②、③を入れて茶巾絞りにし＝**同**、流水か氷水で熱が取れるまで1分ほど冷ます。水から上げ輪ゴムで留めて置いておき、同様に残り3人分を作る。
7 吉野あんを作る。Aを鍋に入れて一煮立ちさせ、まぜたBを入れてとろみをつける。
8 ⑥が冷めたらガーゼを外し、器に入れて電子レンジで温める。温かい吉野あんを上から注ぎ入れ、おろしショウガをのせる。

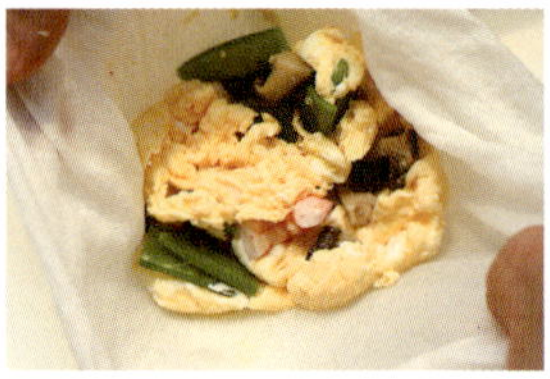

器提供：1864

器提供：手塚秀子

若葉の香りに包まれて

筍 車海老 菜の花の黄身辛子和え

匠のひと手間

筍《たけのこ》、車海老、菜の花に卵黄を入れ、黄身辛子和えにしました。洋辛子を使います。卵黄と辛子を入れてから出汁で柔らかくするのですが、出汁を入れ過ぎないように注意してください。

材料

タケノコ — 2本
車エビ（25グラム）— 4尾　菜の花 — 1束
八方だしA（だし汁320cc、みりん40cc、薄口醤油40cc）
八方だしB（だし汁160cc、みりん20cc、薄口醤油20cc）
黄身カラシ（卵黄3個分、カラシ小さじ1、だし汁小さじ1、塩・コショウ少々、薄口醤油小さじ1）

作り方

1 タケノコをゆで皮をむき一口大に切る。八方だしAに漬ける。
2 車エビの背わたを取り、殻をつけたまま竹ぐしを刺して（伸し串）ゆでる。
3 菜の花をゆで、冷たい八方だしBに漬けておく。
4 黄身カラシを作る。卵を固ゆでにし卵黄だけ裏ごしする。溶いたカラシを加えて練りまぜ、だし汁でゆるめる。塩、コショウ、薄口醤油を加える。
5 食べる直前に車エビの殻をむき、2〜3切れに切る。
6 菜の花はペーパータオルで漬け汁をよく拭き取り、食べやすい大きさに切る。
7 タケノコの水分を拭き取り、黄身カラシと和える。

筍の香り生かす出汁

筍のわかめ煮

匠のひと手間

筍《たけのこ》はあく抜きさえしっかりすれば、煮ても焼いても揚げてもおいしい春にぴったりの食材です。筍の煮物は、筍料理の中でも定番中の定番。筍の香りを生かすには、かつおぶしのだし汁がおすすめです。粉末だしではなく、かつおぶしからだしを取ってみてください。

筍と一緒に煮る付け合わせは、わかめや空豆など彩りがいいものを選びます。筍の時季だと、ワラビやウルイでもいいですね。

材料

- 皮付きタケノコ ― 中2本
- ぬか ― 1カップ
- タカノツメ ― 2～3本
- 干しワカメ ― 10グラム
- ソラマメ ― 12粒
- 木の芽 ― 適量
- A（だし汁900cc、みりん50cc、薄口醤油20cc）

作り方

1 タケノコは先端を切り落とし、皮の部分に切り込みを入れる。鍋にタケノコと多めの水（タケノコがかぶるくらい）、ぬか、タカノツメを入れ、2時間ほどゆでて鍋のまま冷ます。

2 ①のぬかを洗い流し、切り込みから指を入れ皮をむく。根元の硬い部分の皮は包丁で取り除く。包丁で縦に6等分して鍋にAと入れ、弱火で20～30分ほど煮る。

3 ワカメは水で戻し、長さ3センチに切り、②に入れ10分ほど煮る。

4 ソラマメは外側の皮をむき取り、3分ほどゆでる。薄皮をむき③に入れ、1分ほど煮る。皿に盛り、木の芽をのせる。

器提供：手塚秀子

器提供：高橋良明

組合せの妙　旬の肉巻

筍の牛肉巻

匠のひと手間

牛肉巻きの定番は牛蒡《ごぼう》。ご家庭でもニンジンやアスパラなどいろいろな野菜を巻いていると思います。ここでは春が旬の筍を巻いてみました。牛肉と筍は意外によく合うので試してみてください。

肉巻きのコツは肉の脂身を内側に巻き込むこと。見た目にも美しいですし、脂身が外側に出ていると、脂っこい味わいが強くなってしまいます。

筍の大きさにもよりますが、大きい時は一口サイズに切って皿に盛りつけると切り口もきれいです。

材料

牛肉ロース薄切り — 200グラム
皮付きタケノコ — 1本
ぬか — 1カップ
タカノツメ — 2〜3本
菜の花 — 1束
粉山椒 — 少々
A（だし汁400cc、薄口醤油20cc、みりん20cc）
B（酒40cc、みりん40cc、濃口醤油40cc、砂糖10グラム）
かたくり粉　大さじ1
C（だし汁140cc、薄口醤油10cc、みりん10cc）

作り方

1 タケノコは先端を切り落とし、皮の部分に切り込みを入れる。鍋にタケノコと多めの水（タケノコがかぶるくらい）、ぬか、タカノツメを入れ、2時間ほどゆで、鍋のまま冷ます。

2 ぬかを洗い流し、タケノコの切り込みから指を入れ皮をむく。根元のかたい部分の皮は包丁で取り除く。包丁を縦に入れ、四等分する。

3 鍋にタケノコとAを入れ、中火で10分ほど煮て、冷ます。

4 牛肉で③を巻く。フライパンを熱し、巻き終わりから入れ、全体に焼き色をつける。Bを入れ、転がしながら弱火で焼き、最後に水溶きかたくり粉を入れて全体に汁を絡める。皿に盛り、粉山椒を振る。

5 菜の花は食べやすい大きさに切り、1〜2分ほどゆで、Cに20〜30分漬けて④に添える。

蒸してホクホク

ポテトサラダ

匠のひと手間

ポテトサラダの主役は何と言ってもジャガイモ。ホクホクする男爵イモが最適です。メークインだと、ホクホク感が出ず、べったりした食感になってしまいます。

男爵イモはゆでるより、蒸した方が断然おいしく仕上がります。蒸すと糖分が抜けず、水っぽさも出ません。蒸した後は、温かいうちにつぶした方がつぶしやすいです。

玉ネギは歯触りを楽しむために生のスライスを。水にさらさないと辛さが出るので、必ずさらしてください。ゆで卵はこくを出すために入れました。

材料（4人分）

- ジャガイモ（男爵イモ）— 2個
- 玉ネギ — ½個　キュウリ — 1本
- ニンジン — ½本　卵 — 2個
- レタス — 4枚　マヨネーズ — 大さじ4
- 塩 — 少々　コショウ — 少々

作り方

1. 男爵イモは皮付きのまま、包丁で半分に切り、蒸し器で20～30分ほど蒸す。粗熱が取れたら、皮をむき、すぐにボウルに入れてつぶす。
2. 玉ネギは薄くスライスし、水にさらし、水分をペーパータオルでよく拭き取る。
3. キュウリは小口切りにし、塩水に30分ほど漬け、しぼる。
4. ニンジンは皮をむいて薄めの短冊切りにし、30秒ほどゆでる。ゆで卵を作り、包丁で細かく切る。
5. ①に切った野菜と卵、マヨネーズ、塩、コショウをお好みで入れ、よくまぜる。レタスを水で洗い、添える。

器提供：梅村正信

器提供：高橋良明

二度楽しむ　ポテサラ

ポテトサラダコロッケ

匠のひと手間

コロッケはポテトサラダを大きなスプーンで1杯程度取り、スプーンを使いながら、小麦粉、溶き卵、パン粉と順につけ、手で形を整えます。成形を最後にするのが、形よく揚げるコツです。

揚げる温度は低めで。180度は高すぎ。破裂し、中身が出てきてしまうので注意してください。クリームコロッケを揚げる時と一緒です。

つけるソースは、中濃ソースだけでもいいですが、ケチャップを入れると味がまろやかになります。

レモンをしぼるとさわやかな味が加わります。

材料

ポテトサラダ — 160グラム
小麦粉 — 適量
卵 — 1個
パン粉 — 適量
レモン — 1個
A（中濃ソース40cc、ケチャップ20cc）

作り方

1 ポテトサラダ40グラムほどをひとまとめにし、小麦粉、溶き卵、パン粉の順につける。160〜170度の油で2〜3分揚げる。

2 Aをまぜ、コロッケにつけていただく。レモンはくし形に切って添える。

初鰹　焼き霜造りで楽しむ

鰹のたたき

匠のひと手間

魚介類や肉をさっと熱湯にくぐらせることを「霜降りにする」といい、焼く手法が「焼き霜造り」です。表面が霜が降りたように白く見えるのが名の由来。表面だけ加熱することで身が締まり、うまみが閉じ込められます。皮の加熱が不十分だと生臭さが出るため、しっかり焼いてください。ここでは赤身の美しさを出すため、皮だけを焼きました。

魚は身の切り方によって食感が違います。平造りはあっさり、そぎ造りはしっとり。魚の種類で変えますが、身に厚さがないときもそぎ造りにします。

鰹《かつお》は脂の乗った腹の方を買い求めます。身が黒ずんでいない、色鮮やかなものを選んでください。鰹がそのまま一本で売られていたら、えらが鮮やかな赤色かどうかを確かめます。尾の方から手でなで、表面のとげが手に当たって痛いくらいのものが新鮮です。

材料

カツオの腹（100グラム）— 2本
バター — 10グラム
ネギ — 1本
ミョウガ — 1パック
アサツキ — 20グラム
市販のポン酢醤油 — 適量

作り方

1 フライパンにバターを入れて強火にかけ、バターが溶けたら皮を下にしてカツオを入れる。

2 皮が反り返ってくるので、菜ばしや手でフライパンに押しつけながら2分ほど焼く＝**写真**。

3 皮に焼き色がついたらカツオを出し、バットか皿にのせて冷蔵庫に入れ、10分ほど冷やす。

4 ネギは細長く刻んで水にさらし、洗いネギにする。

5 ミョウガを小口切りし、アサツキは4センチほどに切る。

6 カツオを切る。身の厚い部分は包丁を垂直に入れる平造り、身の薄い部分は包丁を斜めに入れるそぎ造りにする。

7 薬味をカツオの上に盛り、ポン酢醤油を回しかける。

器提供：進藤兼興

女の子の幸せ願う寿司

蛤の寿司

匠のひと手間

ひな祭りに合う寿司を作りました。寿司酢は、お好みで砂糖や塩の分量を調節してください。

しょうがはサクラの花びらに見立てるときれい。薄く切る前に、断面が花びらの形になるように皮をむくか、花びら型で抜きます。最後に薄くそぎ取るように切ると一枚一枚が花びらになります。

材料

ハマグリ — 8個
ショウガ — 100グラム
卵 — 1個
菜の花 — ½束
ご飯 — 300グラム
A（だし汁140cc、酒20cc、濃口醤油20cc、みりん20cc、砂糖小さじ1）
B（酢90cc、水250cc、砂糖50グラム、塩5グラム）
C（酢90cc、砂糖65グラム、塩20グラム）※作りやすい量
木の芽 — 適量

作り方

1 ハマグリは身を横半分に切り、わたを取り出して水洗いする。

2 鍋にAとハマグリを入れ一煮立ちさせる。ザルに上げ、煮汁が冷めたら再び漬け込む。

3 殻は一度ゆで、水気を取っておく。

4 ショウガは皮をむき、薄切りにして熱湯をかけ、Bに漬ける。

5 いり卵を作る。菜の花を3センチに切り1分ほどゆでて冷水に取り、ザルに上げ、塩（分量外）を薄く振る。

6 Cを鍋に入れ、砂糖と塩が溶けるまで加熱し、冷ましておく。

7 炊きたてのご飯に⑥を全量ではなく加減しながら合わせる。半量にいり卵を混ぜる。

8 ②を煮汁から上げ、水分を切り、さらに身を半分に切る。

9 ハマグリを半量ずつに分け、いり卵入りの寿司飯にハマグリ、菜の花をまぜて貝殻に盛る。残った寿司飯とハマグリ、木の芽を混ぜて貝殻に盛る。両方に④のショウガを散らす。

器提供：林　則子

器提供：進藤兼興

潮の香運ぶ　至福の一皿

蛤の酒蒸し　花びら独活と木の芽添え

匠のひと手間

貝類は煮すぎると硬くなってしまうので、殻が開いたらすぐ取り出してください。貝殻を盛りつけるとき、先がとがっているほうを左側にして、身を盛りつけてください。

独活《うど》をかわいい花びらにしてみました。独活を楕円形の円柱にむき、花びらの形になるように上の部分に切り込みを入れます。花びらが丸みを帯びるように薄くそぎ切ってください。

材料

ハマグリ（30グラム）— 2個
ウド — ½本
木の芽 — 適量
A（だし汁１８０cc、酒90cc、塩小さじ½、みりん10cc、薄口醤油10cc）

作り方

1 砂出ししたハマグリとAを鍋に入れて中火にかける。殻が開いたものから取り出す。
2 ウドは皮をむき、花びらの形になるように切る。
3 ハマグリの身を殻から一度はずす。身を殻にのせて皿に盛り煮汁をかけ、花びらに見立てたウドを散らし、木の芽をのせる。

しっかり揚げ たれ染みる

鯵の南蛮漬け

材料

真アジ（三枚におろしたもの）―4匹
エシャレット―1輪
ナス―2本
パプリカ赤、緑、黄―各1個
ネギ―½本
小麦粉―適宜　油―適宜
A（だし汁540cc、酢180cc、みりん180cc、濃い口醤油126cc、薄口醤油54cc、砂糖少々、タカノツメ2本）
糸唐辛子―少々
※Aは酢とみりん1に対し、だし3、濃口醤油0・7、薄口醤油0・3の割合

作り方

1 Aを鍋で温める。ネギは半分に切り、グリルで焦げ目がつくまで焼く。保存容器にAとネギを入れる。
2 アジは片身を4等分に切る。ペーパータオルで水気を拭き、小麦粉をつけ170度の油で揚げる。1にアジを2～3時間漬ける。
3 パプリカ3種はそれぞれ表面を直火で焼いて水に取り、皮をむく。幅1センチ、長さ5センチに切る。
4 ナスは厚さ1ミリの輪切りにし、160度の油で素揚げする。くるっと丸まったら取り出す。
5 エシャレットは斜めに細く薄く切って冷水に取る。
6 皿にアジ、③～⑤を盛り付ける。糸唐辛子を飾る。

ふわっと仕上げに 大和芋

飛竜頭煮

材料

木綿豆腐―1丁
すりおろしたヤマトイモ―60グラム
卵―½個　鶏ひき肉―100グラム
キクラゲ（戻したもの）―25グラム
ニンジン―20グラム　ギンナン―8個
ユリ根―90グラム　カラシ―適量
絹さや―12枚　砂糖―大さじ1
塩―小さじ½
A（酒40cc、みりん10cc、薄口醤油10cc）
B（だし汁400cc、みりん10cc、薄口醤油10cc）

作り方

1 鍋にAを入れ、鶏ひき肉を煎る。水で戻したキクラゲは、千切りに。ニンジンは一度ゆで、長さ2センチの短冊切り。ギンナンはゆでて薄皮をむき、包丁で縦半分に切る。ユリ根は一枚ずつはがし、弱火で2分ほどゆでる。
2 すり鉢に豆腐とすりおろしたヤマトイモ、卵、砂糖、塩を入れ、まぜる。
3 ②に①の具材をまぜ、八等分し、サラダ油（分量外）をぬった手で丸める。160度の油できつね色になるまで揚げる。
4 鍋にBと③を入れ、弱火で20分ほど煮て皿に盛り、カラシをのせる。絹さやをさっとゆで、冷水に取り、添える。

山菜パワーで 春を満喫

白魚程煮 蕗と木の芽添え

材料

白魚―100グラム
A（だし汁40cc、酒40cc、みりん15cc、薄口醤油15cc）
ショウガ―適量
フキ―2本
八方だし（だし汁80cc、みりん大さじ2、薄口醤油大さじ2）
木の芽―適量

作り方

1 白魚を薄い塩水（分量外）で洗い、よく水を切る。
2 白魚を鍋に入れてAで味を付け、ショウガの薄切りを少し入れて2～3分煮る。
3 フキに塩（分量外）を振り、板ずりして5分ほど置く。半分に切り多めの湯で1～2分湯がく。
4 フキを冷水にとって冷まし皮をむき、5センチに切る。水につけてあくを抜き、八方だしに10分ほど漬けておく。
5 白魚とフキを器に盛り、木の芽をのせる。

器提供：手塚秀子

器提供：梅村正信

器提供：手塚秀子

すり身で趣向凝らす一品

鰯と牛蒡のコロ煮

匠のひと手間

鰯《いわし》を、フードプロセッサーですり身にすると、いつもと違う一品に仕上がります。牛蒡《ごぼう》は香りが強く、鰯の独特のにおいを消してくれ、大和芋を加えることで、粘り気が出てすり身もふわっと仕上がります。

すり身をたれに絡ませてから一度取り出し、たれだけを煮詰めて照りが出たら、再びすり身を戻します。こうするとちょうどいい甘辛さに仕上がり、見た目も艶光りします。

材料

マイワシ―大8匹　卵―1個
ヤマトイモ―30グラム　ショウガ―15グラム
ぬか―適量　新ゴボウ―4本　ウド―1本
みりん―小さじ2　薄口醤油―小さじ2
A（酒180cc、濃い口醤油90cc、みりん90cc、砂糖20グラム）
B（だし汁720cc、薄口醤油90cc、みりん90cc）

作り方

1 イワシは水洗いして頭を切り落とす。腹を指で割いて内臓を取り出し、水で腹の中をよく洗う。親指を中骨と身の間に押し入れる。中骨に沿って親指で身を外し、中骨を取り除く。ペーパータオルで水気を取る。

2 ヤマトイモはすりおろす。ショウガはみじん切りにする。

3 ①、②、卵、みりん、薄口醤油をフードプロセッサーにかけて、すり身にする。

4 ゴボウは長さ5センチに切る。鍋に水とゴボウを入れて、ゴボウが隠れる程度にぬかを加える。ゴボウが柔らかくなるまでゆでて水に取り、ザルに上げる。

5 Bの半量入れた鍋を火にかけて、ゴボウを入れ約10分煮含める。火を止めて冷めるまで置く。

6 ラップを広げ、③のすり身を12等分してそれぞれ5センチ四方、厚さ1センチに広げる。その上に⑤をのせてラップでくるみ、ラップの両端をひねる。

7 ⑥を蒸し器に入れ、中火で約10分蒸す。火を止めて冷めるまで置く。

8 フライパンにAと、ラップから外した⑦を入れて中火にかける。火が通ったらすり身を取り出し、タレを煮詰め、タレが少なくなったらすり身を戻して煮切る。

9 ウドは皮をむき、長さ5センチの乱切りにする。酢水（分量外）に漬けてあくを抜き、ゆでる。水にとり、冷めたらザルに上げる。

10 鍋にBの残り半量と⑨を入れて、中火で約10分程度炊く。

器提供：高橋良明

夏

とろみでおいしさも倍増
冬瓜のっぺ仕立て

匠のひと手間

のっぺとは東北地方の郷土料理。「あん」がかかった薄味のスープ仕立ての煮物のことです。とろみ効果で口当たりがよくなり、おいしさが倍増します。暑い時期には食欲をそそりますね。鶏肉にかたくり粉をまぶしてからゆでるのは、味を逃がさずおいしさを持続させるためでもあります。

とろみを出すために、スープにはかたくり粉を入れましたが、料亭ではより上質な葛《くず》粉を使います。

冬瓜《とうがん》は表面に格子状の切り込みを入れてから、塩と重曹をこすりつけます。こうしてからゆでると美しい色が出ます。冬瓜は煮崩れしやすいので、あまり火に掛けすぎないようにしましょう。

ここでは、冬瓜を器に見立てて具材を盛り付けました。見た目も涼しげですね。作り方は簡単。冬瓜1個を横に寝かせて、上から4分の1の位置で切り落とします。種と実をくり抜き＝**写真**、材料を入れるスペースを確保します。転がらないように底も少し包丁で削って平らにしましょう。器としての役目を終えたら、別の料理に使えます。

材料

どんこ—4個
トウガン—⅓個
塩—少々　重曹—少々
ウド（30センチ）—1本
オクラ—4本
鶏モモ肉—1枚　車エビ—4尾
小麦粉—少々　油—適宜
むきイカ—150グラム
かたくり粉—20グラム　水—40cc
A（だし汁900cc、みりん90cc、薄口醤油90cc）

作り方

1 どんこは一晩水に漬け、戻しておく。Aを合わせ、うち180ccを弱火にかけてどんこを10分煮含めたら取り出す。

2 トウガンは食べやすい大きさに切って皮をむく。表面に細かい格子状の切り込みを入れ、塩2：重曹1の割合でまぜてこすりつける。中火でゆで、竹ぐしが刺さる軟らかさになったら氷水に取り、冷めたら水気を切る。

3 Aのうち360ccを中火にかけてから②のトウガンを入れ、弱火で10分煮て取り出す。

4 ウドは皮をむき、5分ほど水にさらす。食べやすい大きさに切ってゆでる。オクラは塩（分量外）でもんで、ゆでてから食べやすい大きさに切る。いずれも氷水にさらして冷まし、水気を切る。

5 鶏肉は包丁を寝かせてそぐように薄く切る。かたくり粉（分量外）をまぶして、中火で1分ほどゆでる。

6 車エビは頭と背わたを取る。殻付きのまま小麦粉を付けて180度の油でさっと揚げる。冷めてから殻をむく。

7 むきイカの表面に格子状に切り込みを入れ、食べやすい大きさに切る。小麦粉をまぶして180度の油でさっと揚げる。

8 Aの残りを中火にかけて、水で溶いたかたくり粉を入れる。ウド、どんこ、鶏肉、イカ、エビ、トウガン、オクラの順番に入れ5分ほど温める。

器提供：高橋良明

湯気と香りも楽しむ　中華風

すずき葱油仕立て

匠のひと手間

夏が旬の出世魚、白身のすずきを使った品です。すずきの葱《ねぎ》油仕立ては、中華料理の技法を取り入れました。熱した油をかけるとジューッと湯気が上がり、目にも耳にも楽しい料理。熱々を召し上がってください。

葱油は作り置きできます。冷めたらペットボトルに入れて常温で保存し、ネギの香りがあるうちに使い切ってください。ほかの白身魚や鶏の空揚げにかけてもおいしいです。

材料

スズキ切り身（約50《グラム》）— 4枚
ネギ — 1本
アサツキ — 適量
だし昆布（4《センチ》）— 4枚
塩 — 適量
濃口醤油 — 適量
ネギ油（作りやすい量＝サラダ油540cc、ネギの青い部分2本分）

作り方

1 ネギ油を作る。深めのフライパンにサラダ油とネギの青い部分を入れ、約30分弱火にかける。

2 スズキは塩を振って少し置いてから、だし昆布の上にのせ、7分ほど蒸す。

3 ネギで白髪ネギを作る。ネギの10分の1程度の量のアサツキを同じくらいの長さに切ってまぜる。

4 ②のスズキを器に盛り、③のネギをたっぷりのせる。

5 ①のネギ油のうち大さじ5杯分をフライパンで熱し、④にかけた後、すずきひと切れにつき濃い口醤油を4～5滴かける。

器提供：高橋良明

器提供：東山堂

豚バラみぞれ蒸し

夏らしさ　引き出すおろし

匠のひと手間

焼き目を付け、香ばしくした豚バラを蒸し、当たりのやさしい割りポン酢で夏らしくさっぱりといただきます。

臭みと余分な脂をとりのぞいて肉質を上げるために、大根おろしが活躍します。同様の処理を行い、砂糖、醤油、酒で味付けすれば角煮にもなり、覚えておいても損はないです。

蒸した直後は切りにくいので、冷めてから切ってください。

材料

豚バラ肉（ブロック）― 300グラム
ダイコン ― 1本　アサツキ ― 少々
割りポン酢（ポン酢80cc、だし汁80cc）
タカノツメ ― 2本

作り方

1 豚バラ肉の皮目側にフライパンで焼き目を付ける。
2 ダイコンは100グラム分を残し、すりおろす。バットに入れた①の上に多めにのせ、2～3時間かけて中火で蒸す。
3 もみじおろしを作る。②で残したダイコンの断面に細めの菜箸で2カ所穴をあける。その穴に種を取り除いたタカノツメを入れて、すりおろす。
4 ②が蒸し上がったら、大根おろしを洗い落とし、水気を拭き取る。一口大に切り、器に盛る。
5 割りポン酢をかけ、もみじおろし、刻んだアサツキをのせる。

器提供：梅村正信

コトコト煮　うまみ染みる

里芋と鶏肉の田舎煮

匠のひと手間

里芋は、米のとぎ汁でゆでると表面がコーティングされるため煮崩れしません。少量のお米と一緒にゆでてもいいでしょう。

鶏肉は煮汁で5分ほど煮たら、硬くならないように一度取り出します。里芋を弱火でコトコト煮て中まで味を含ませたら、鶏肉を戻します。ねっとりした食感の里芋に、鶏肉のうまみが浸透します。

材料

サトイモ — 12個
鶏モモ肉 — ３００グラム
絹さや — 12枚
木の芽 — 適宜
A（だし汁３６０cc、みりん45cc、濃口醤油45cc、砂糖大さじ1）

作り方

1 サトイモは皮をむき、六角形に整える。中火で約10分ゆで、竹ぐしが刺されば水にとって冷ます。
2 絹さやは、さっとゆでる。
3 鶏肉は十等分に切る。
4 Aを中火にかけ、③を入れ5分ほど煮たら一度取り出す。
5 ④に①を加え中火で20分程度弱火で煮含める。鶏肉を戻し、落としぶたをしてさらに7～8分煮る。
6 ⑤を盛り付け、絹さやと木の芽を散らす。

三種の味噌で違い楽しむ

里芋の三色田楽

匠のひと手間

「玉みそ」は冷蔵庫で1カ月ほど保存可能。赤みそと鶏ひき肉で作ったみそも1週間ほど持ちます。分量は多めなので、みその残りは、なすや豆腐の田楽に使ってください。

写真ではバーナーであぶって焼き目をつけました。

田楽は一年を通して楽しむことができます。春は豆腐、夏は鮎、秋は茄子、冬は大根、蕪、こんにゃくなど。みそにまぜるものは、春は木の芽、夏は青柚子、秋冬は黄柚子、胡麻などで季節感がでます。

材料

サトイモ — 12個
鶏ひき肉 — 50《グラム》
酒 — 20cc
A（だし汁360cc、みりん45cc、薄口醤油45cc、砂糖大さじ1）
B（白みそ250《グラム》、酒135cc、卵黄2個分）
C（赤みそ100《グラム》、砂糖100《グラム》、酒80cc、卵黄2個分）
ゆずの皮 — 適量　木の芽 — 適量

作り方

1 サトイモは皮をむき、六角形に整える。
2 Aを入れた鍋を中火にかけ、①を10分程度煮て取り出し、水にさらす。
3 玉みそを作る。鍋にBを入れて弱火にかけて、酒でみそを20～30分練る。しゃもじに付くぐらい粘り気とつやが出たら、溶いた卵黄2個をまぜ2～3分練り込む。
4 フライパンを中火にかけて、酒で鶏ひき肉を煎る。
5 別の鍋にCを入れて弱火にかけ、③と同じようにみそを練る。溶いた卵黄2個分をまぜ、さらに④を加えてまぜる。
6 サトイモ4個に④を小さじ1ずつのせる。
7 木の芽を細かくたたき、③の小さじ4杯分にまぜる。サトイモ4個に小さじ1ずつのせる。
8 ゆずの皮をすりおろし、③の小さじ4杯分にまぜる。サトイモ4個に小さじ1ずつのせる。

器提供：原　武

和食にもジュレで涼しげ

湯葉の琥珀がけ

匠のひと手間

「琥珀《こはく》がけ」とは、今風に言えば「ジュレ」のこと。ゼリーのようにちゅるっとした食感です。粉ゼラチンを使うと口当たりもより滑らかになります。タレ代わりにかければ、夏むきの涼しげな料理に早変わりです。

だし汁と味醂、醤油は8：1：1の「八方だし」ですが、これに粉ゼラチンを加えるとジュレができあがります。冷蔵庫に入れておくとゼリー状に固まるので、ざるに入れて上からスプーンで押しながら、こしましょう。泡立て器でつぶすと、白っぽくなり透明感がなくなってしまいます。

ジュレは牛のたたきや焼き茄子にも合いますし、酢を加えてカニやキュウリ、わかめなどに和えてもおいしいです。

温泉卵は、文字通り温泉の温度を利用して作ります。白身は60～70度で半熟になりますが、黄身は固まりません。この微妙な温度差がポイント。私が好きな固さを出すには、室温に戻した卵を68度で45分ゆでます。温度が上がりそうなら水を、下がりそうなら湯を加えて一定に保ちます。

材料

湯葉—150グラム
温泉卵—4個
車エビ—4尾
生ウニ—大さじ1
ソラマメ—8個
ユズの皮—適量
だし汁—160cc
みりん—20cc
薄口醤油—20cc
粉ゼラチン—4グラム

作り方

1 器に粉ゼラチン、だし汁大さじ1を入れてまぜ、20～30分置く。
2 だし汁、みりん、醤油を中火にかけ沸騰する前に火を止める。①を加え、よくまぜ冷蔵庫で冷やす。
3 車エビは竹ぐしで背わたを取り、殻ごと中火でゆでる。ザルに上げ、冷めたら頭を取り、殻をむく。
4 ソラマメはゆでて、皮をむく。ユズの皮はすりおろす。
5 器に湯葉、温泉卵、エビ、ウニ、④を盛り付ける。②を細かくつぶして、かけていただく。

器提供：原　武

辛子が隠し味　食欲誘う

錦野菜

器提供：手塚秀子

匠のひと手間

「錦野菜」という名前は私が勤めていた料亭「金田中」の大先輩の元総料理長が考えました。

大根を千切りにするコツは、まずかつらむきにすること。大根の側面に包丁を当て、利き手と反対の手の親指で大根を送りながら同じ幅になるようにむきます。それを切りやすい長さに切って重ねてから、端から切っていきましょう。すべての野菜を水につけるのは、発色を良くしてシャキっとさせるためです。

中華クラゲが手に入らない場合は、キクラゲでも代用できます。

材料

ダイコン — ½本
キュウリ — 2本
ニンジン — 1本
ネギ — 2本
ウド — ½本　キャベツ — ¼個
中華クラゲ — 100グラム　鶏ささみ — 2本
煎りゴマ — 大さじ2杯
みりん — 135cc
濃口醤油 — 135cc
酢 — 45cc　カラシ — 適宜

作り方

1 ダイコンは4センチ幅に輪切りして皮をむいてから、かつらむきにする。長さ15センチほどに切って重ね、千切りにする＝**写真**。キュウリ、ニンジン、ネギ、ウド、キャベツも千切りにして、全ての野菜を別々に水に10～20分ほどさらす。

2 鶏ささみは筋を取り、半分に開いて薄く塩（分量外）を振る。フライパンを中火にかけ、ふたをして片面ずつを蒸し焼きにする。手で太めに裂く。

3 煎りゴマは包丁で細かく刻む。

4 鍋にみりんを入れて沸騰させ、アルコールを飛ばす。冷めたら濃い口醤油、酢、カラシをまぜる。

5 野菜を周囲に、真ん中に鶏肉と、中華クラゲ、ゴマを盛り付け、食べる時に全部を混ぜる。④を好みの量かける。

食欲そそる　色合いと食感

冷やし煮物

匠のひと手間

料理のさまざまな場面で活躍する米のとぎ汁。ここでは石川小芋の下ゆでに使いました。あくがとれ、煮崩れも防げます。

冷やし煮物は一度つくれば、温め直す手間がなく、冷蔵庫で保存できるので重宝します。

材料

千両ナス ― 4個
坊ちゃんカボチャ ― 1個
石川小芋 ― 12個
インゲン ― 1袋
車エビ ― 4尾
ユズ ― 1個
木の芽 ― 適量
A（だし汁540cc、みりん20cc、濃口醤油20cc、タカノツメ1本）
B（酒120cc、みりん20cc、薄口醤油20cc）
八方だし700cc（だし汁560cc、みりん70cc、薄口醤油70cc）

作り方

1 ナスの両端を切り落とし、170度の油で3分ほど揚げたらさっと水につけて油を抜き、すぐにザルに上げる。沸騰させたAで5分ほど煮る。
2 インゲンは塩（分量外）で板ずりしてから軽くゆで、冷水に取ってから八方だしに漬ける。
3 カボチャは8分の1に切り、皮を少し残して種をとって、竹ぐしが通るぐらいまで下ゆでする。八方だし360ccで20分ほど弱火で煮る。
4 石川小芋は皮をむき、米のとぎ汁で7～8分下ゆでしてから、八方だし270ccで20分ほど煮る。
5 車エビの背わたを取り、殻のついたままBで3～4分煮る（中火の弱）。ザルに上げ、冷めたら殻をむく。
6 すべての食材を冷蔵庫で冷やす。器に盛り、ユズの皮をおろし金で削って散らし、木の芽を添える。

器提供：田中照子

冷やし小鉢

涼呼ぶ汁物に　うまみ凝縮

澄みトマト汁
枝豆のすり流し
南瓜スープ

器提供：1864

匠のひと手間

野菜のうまみを凝縮させた汁物3種類です。トマトは蒸してから一晩こすと、リンゴジュースのように透き通った汁が出ます。手でしぼると白く濁りますから、汁がしたたり落ちるのを待ちましょう。8個のトマトを使っても、1人分は小さめのグラス一口分です。汁をこした後のトマトは、パスタのソースなどに使ってください。

材料

トマト—大8個　枝豆（正味）—150グラム
A（だし汁360cc、みりん40cc、薄口醤油20cc、塩少々）
カボチャ—450グラム　玉ネギ—中½個
セロリ—⅓本　バター—30グラム
チキンコンソメ—1個　水—600cc
牛乳—300cc　生クリーム—大さじ1
白こしょう—少々　塩—少々

作り方

澄みトマト汁

1 トマトはヘタを取って、1センチ角に切る。大きめの器に入れて、20～30分間中火で蒸す。

2 ザルにペーパータオルを敷き、①をこす。一晩冷蔵庫に置いてこした汁を器に盛りつける。

枝豆のすり流し

1 枝豆はゆでてさやから外し、薄皮を取る。ピューレ状になるまでフードプロセッサーに約1分かける。

2 ボウルにAをまぜて、①を加える。冷蔵庫でよく冷やしてから器に盛りつける。

南瓜スープ

1 カボチャは5センチ角に切り、皮をむく。玉ネギ、セロリは半分に切る。

2 鍋に水と牛乳、バター、コンソメを入れて中火にかけ、①を加えて2～3分煮る。

3 ②を半量ずつミキサーに1～2分かける。塩、こしょうで味を調え、冷蔵庫で冷ます。器に1人分ずつ盛りつけ、好みで生クリームを加える。

味を引き締める醤油

あさりワイン蒸し

匠のひと手間

「酒蒸し」はアルコールの匂いで材料の臭みをとり、淡泊な味に風味付けできます。

あさりは日本酒で蒸すのが一般的ですが、白ワインを使えば洋風に早変わりです。

日本酒は甘めですが、ワインは仕上がりがあっさりします。

使うのは1000～1500円程度のハウスワインがいいでしょう。私も自宅で安い料理用の白ワインで作ってみましたが、やはりハウスワインの方が格段においしかったですね。ワインと醤油は、どちらも醸造されたもの同士で相性がいいと言われています。この料理でも、最後に醤油を少したらすと、ぐっと味が引き締まります。

玉ネギとニンニクをしっかり炒めて味付けすることで、濃厚な味わいになります。

材料

砂抜きしたアサリ ― 400グラム
玉ネギ ― ½個　ニンニク ― 1かけ
オリーブオイル ― 少々　白ワイン ― 40cc
パプリカ（黄、緑、赤、オレンジ）― 各½個
濃口醤油 ― 適量　油 ― 適量
アサツキ ― 少々

作り方

1 パプリカは2センチ角に切り、発色をよくするために160度の油で素揚げする。揚げたパプリカは湯の中に漬けて、油を落とす。
2 玉ネギ、ニンニクはみじん切りにする。
3 アサリは殻をこすりあわせてよく洗う。
4 アサツキは5センチの長さに切る。
5 フライパンにオリーブオイルをひき、②を中火でさっと炒める。③と、白ワインを加え、ふたをしてアサリが開くまで3～5分ほど蒸し煮する。ふたを取り、①を加えよくまぜる。
6 味をみて、好みで醤油を5、6滴たらし、④を散らす。

器提供：梅村正信

相性抜群の素材　ふわとろ

穴子柳川もどき

匠のひと手間

相性抜群の穴子と牛蒡《ごぼう》を柳川風に仕上げました。軟らかい穴子と半熟卵が一体感を持ち、「ふわとろ」の食感を味わえます。粉山椒や木の芽を添えると味が引き締まります。

生の穴子を使いましたが、白焼きでも代用できます。生の穴子は一度だし汁で煮込んでおくとさらに軟らかく、味わい深くなります。その場合は、だし汁270cc、味醂27cc、薄口醤油27cc、砂糖小さじ1で20分ほど煮ましょう。

卵を半熟状態に仕上げるためのコツは、卵を加えた直後にふたをして蒸らすこと。卵を溶く時に、まぜすぎないようにしましょう。

もう一品の「八幡巻」は穴子や鰻《うなぎ》などを牛蒡に巻き付ける料理のこと。魚だれはまとめて作っておいて、冷蔵庫で保管すれば魚の照り焼きなどに利用できて便利です。

材料

アナゴ（開いたもの）― 4匹
ゴボウ ― 1本（約200グラム）
ミツバ ― 適宜
シイタケ ― 4個　卵 ― 2個
A（だし汁300cc、濃口醤油50cc、みりん50cc）

作り方

1 アナゴは皮目に熱湯をかけてぬめりを取ってから水に漬ける。ペーパータオルで水気を切ってから10センチ幅に切り、縦に等分する。グリルの中火で3〜4分焼く。
2 ゴボウはささがきにして2分ほど水にさらす。シイタケは千切りにする。ミツバは3センチの長さに切る。卵はふんわり溶いておく。
3 材料をすべて4等分して、1人分ずつ煮る。鍋にゴボウ、アナゴ、シイタケの順に入れAを加えて火にかける。アナゴに火が通ったらミツバを加え、卵を回すように流し込みふたをして、すぐに火を止める。

穴子の八幡巻

器提供：手塚秀子

材料

アナゴ（開いたもの）― 2匹　ゴボウ ― 30センチ　ぬか ― 適宜
A（だし汁360cc、みりん45cc、薄口醤油45cc）
粉山椒 ― 適宜　万願寺とうがらし ― 4本
魚だれ（濃口醤油126cc、みりん126cc、酒126cc、砂糖12グラム）　※量は多目

作り方

1 アナゴは縦半分に切る。
2 ゴボウは縦に4等分する。大きめの鍋に水と、ゴボウが隠れる程度のぬかを加え30分ほどゆでる。ザルに上げ水で洗う。
3 鍋に②、Aを入れ、20分ほど中火で煮る。
4 ③を2本ずつ束ね、1匹分のアナゴを巻き付ける＝**写真**。両端をつまようじで留める。
5 グリルの網の上にアルミホイルを敷き、④の表裏を中火で7分ずつ焼く。万願寺とうがらしも一緒に焼いておく。
6 魚だれを弱火で20分煮詰め、40ccを⑤にからませる。八幡巻きを5センチの長さに切り、半分に切った万願寺とうがらしを添えて粉山椒を振る。

器提供：東山堂

食感楽しむ　余熱仕上げ

煮穴子と玉葱スープ煮重ね

匠のひと手間

穴子の皮の白くなった部分は、残すと生臭くなります。きちんと取ってください。

玉ネギを煮るときにガーゼで包むのは、煮崩れを防ぐためです。でも軟らかすぎは禁物です。「余熱」で仕上げるつもりで、煮過ぎないよう気をつけてください。

穴子を煮るのは約20分としていますが、穴子の質で違いますので軟らかさを注意してください。

材料

アナゴ — 1パック（4本分約180グラム）
A（だし汁360cc、みりん40cc、薄口醤油40cc）
新玉ネギ — 2個
鶏がらスープ（顆粒スープの素大さじ2、水900cc）
ガーゼ — 2枚
ネギ — ½本

作り方

1 アナゴの皮目に熱湯をかけ、白くなった部分を包丁の背でこそげ取る。
2 Aと①を鍋に入れ、アナゴが軟らかくなるまで20分ほど中火で煮る。
3 玉ネギは皮を取り、ガーゼで包んで鶏がらスープで30～50分ほどとろ火で煮る。竹ぐしが楽に刺さるくらいが目安。
4 ネギを白髪ネギにしておく。
5 ③の玉ネギを横半分に切って器に入れ、その上に②のアナゴを盛り、④をのせる。鶏がらスープを器に注ぐ。

器提供：東山堂

器提供：東山堂

彩り鮮やか　博多盛り

穴子コンソメ煮冷製

匠のひと手間

穴子は開いたものを使ってください。鱧《はも》を使ってもよいです。トマト、穴子、トマト、穴子と交互に重ねて盛るのを博多盛りといいます。博多帯の博多織に由来します。トマトの端もさいの目に切って、むだなく使います。梅干は塩分の少ない物を使います。トマトと穴子、梅干の三種が絶妙なコントラストで美味しさがまします。

材料

アナゴ―2本（1本180グラム）
トマト―中2個
ネギ―1本
梅干し―2個
A（水360cc、みりん40cc、薄口醤油40cc、チキンコンソメ1個）

作り方

1 開いたアナゴの皮目に熱湯をかけ、白くなった部分を包丁の背でこそげ取る。
2 鍋にアナゴが浸るぐらいAを入れ、弱火で20～30分ほど煮る。冷めたら冷蔵庫に入れる。
3 トマトを湯引きし、ヘタをとって皮をむいたら縦半分に切り、横にして4枚のスライスをとり、端の部分は飾り用にさいの目に切っておく。
4 トマト、アナゴ、トマト、アナゴの順に重ねて盛る。
5 ネギは細長く刻んで水にさらし、種を取った梅干しと合わせる。
6 ④にさいの目のトマトと⑤をのせる。

揚げ物をだしでさっぱり

鮎と丸茄子のみぞれ揚げ出汁

器提供：進藤兼興

匠のひと手間

丸茄子は肉質がしまって煮崩れしにくく、揚げ物や煮物に重宝します。皮の所々をむくとトラの模様に似ているため「トラむき」と呼ばれ、火が通りやすくなります。

みぞれ出汁で揚げ物の脂っこさが消え、さっぱりと仕上がります。だし汁と醤油、味醂の割合は10：1：1。大根のシャキシャキ感を損ねないよう、火にかけ過ぎないでください。

材料

アユ — 4匹
かたくり粉 — 適量
丸ナス — 1個
ダイコン — ½本
ケッパー — 適量
アサツキ — 適量
だし汁 — 450cc
薄口醤油 — 45cc
みりん — 45cc

作り方

1 アユは水洗いして三枚におろす。かたくり粉をまぶして、片身ずつ170度の油で揚げる。

2 丸ナスは上下を切り落とし、縦に6等分、横に3等分してから、皮を所々縦方向にむく＝**写真**。170度の油で揚げる。

3 ダイコンはすりおろし、搾って水分を抜く。だし汁と、薄口醤油、みりんを合わせて中火にかけて、ダイコンを入れる。煮立ったら火を止める。

4 ①と②を器に盛り、③をかける。ケッパー、アサツキはみじん切りにしてのせる。

清流の躍動感　一品でお届け

稚鮎つの字揚げ

匠のひと手間

稚鮎《ちあゆ》つの字揚げは、料亭「金田中」で出す料理。稚鮎が川からピッと飛び出した姿を表しています。盛り付けでも立体的になるように工夫すると、さらに躍動感が出ます。

蓼《たで》は鮎に欠かせない食材。そのまま食べると苦味があり、食べ続けていると、どんどん辛くなっていきます。

今は少ないですが、川魚の鮎には寄生虫の心配があるため、解毒効果のある蓼を一緒に食べるようになったのでしょう。先人の知恵ですね。すりつぶして酢とまぜたのが、鮎の塩焼きに付ける「蓼酢」です。

揚げた蓼を稚鮎と盛り付けるときは、蓼の緑がいろいろな場所に顔を出すようにすると、初夏らしさが出ます。

材料

稚アユ — 12匹
レンコン — 1節
タデ — 1束
A（老酒40cc、濃口醤油40cc）
B（小麦粉40グラム、水80cc）
かたくり粉 — 適量　サラダ油 — 適量

作り方

1 稚アユはAに20分ほど漬けておく。

2 ①のアユを「つ」の字になるよう、目と尾の付け根の部分をつまようじで留める。かたくり粉をつけ、170度の油で2〜3分ほど揚げる。揚げている途中でつまようじを外すと、身が崩れない。

3 レンコンは皮をむき、薄い輪切りにして水にさらし、あくを抜く。水分をよく拭き取り、160〜170度の油で素揚げにする。

4 タデは食べやすい大きさに切り、Bの衣をつけて揚げる。

5 ②③④それぞれに軽く塩（分量外）を振ってから盛り合わせる。

器提供：手塚秀子

霜降り　食感の違い楽しむ

鶏笹身千種和え

匠のひと手間

霜降りした鶏笹身《ささみ》はとろけるように軟らかく、シャキシャキした千切り野菜との食感のコントラストがおもしろい一品です。まろやかな味わいにするために、つけだれにはウニを使いましたが、なくても構いません。

お湯を沸かした小鍋にザルを置き、笹身は2本ずつを湯通しするといいでしょう。一度にたくさん入れるとうまく火が通りません。表面の色が白っぽくなれば、中は生で大丈夫。身を引き締めるために、氷水にさっと漬けます。

鶏肉は足が速いので、新鮮な物を選びましょう。

器提供：柴田　実

材料

鶏ささみ—大4本
ウド—8㌢
キュウリ—2本
レッドオニオン—½個
セロリ—1本
ニンジン—⅓本
ラディッシュ—4個
サラダ菜—8枚
ウニ—大さじ2
ワサビ—適宜
濃口醤油—大さじ4
卵黄—1個分
だし汁—大さじ1

作り方

1 ささみは筋を取り、食べやすい大きさに細長く切る。6〜7秒ほど熱湯につけて霜降りしてから、氷水で冷やす。
2 ウド、ニンジン、キュウリ、セロリは千切りにする。レッドオニオンとラディッシュは薄くスライスする。すべて氷水につける。
3 皿にサラダ菜を敷き、①、②を盛る。
4 ウニと醤油、卵黄、だし汁をまぜてつけだれにする。あれば花穂を散らす。

うまみと酸味を味わう

鮑とトマトのサラダ

匠のひと手間

トマトの湯むきは、煮過ぎないよう、湯に入れる時間に注意してください。

鮑《あわび》がない時は、帆立やクラゲの酢漬けでも代用できます。

ここで使うワインビネガーは、日本のドレッシング用のワインビネガーが、まろやかで良いでしょう。

このドレッシングは私が発案した最良のドレッシングです。

材料

フルーツトマト ― 小2個
玉ネギ ― 30グラム
アワビ ― 100グラム
乾燥ワカメ ― 2グラム
アサツキ ― 10グラム
日本酒 ― 40cc
みりん ― 10cc　塩 ― 小さじ1
A（水240cc、酢40cc、砂糖40グラム、塩小さじ2、ローリエ2枚、タカノツメ1本）
B（白ワインビネガー90cc、薄口醤油45cc、サラダ油45cc、砂糖20グラム）

作り方

1 トマトはヘタを取り、湯むきする。縦半分に切ってから1センチの厚さにスライスする。
2 玉ネギは薄く切り、Aでひと煮えしたら火を止めて、そのまま冷ます。
3 ワカメは水で戻し、小さく切る。アサツキは小口切りにする。
4 アワビは殻から外し、塩少々（分量外）を振り水洗いして薄くスライスする。鍋に日本酒、みりん、塩、アワビを入れ約30秒煮立てる。
5 皿の中央に玉ネギを置き、その上にワカメとアワビをのせ、アサツキを散らす。周囲にトマトのスライスを並べる。

器提供：伊藤ふみ子

一体感を出す　あん仕立て
鰻の玉子けんちん

匠のひと手間

「けんちん」とは、卵や豆腐に野菜をまぜ、焼いたり蒸したりしたもの。ここではオムレツの上に鰻《うなぎ》のかば焼きをのせました。あんをかけることで、卵と鰻に一体感が出てより味わい深くなります。あんは一見味が濃そうに見えますが、食べてみるとあっさり、まろやかな口当たりです。卵だけ焼くとすぐに固まってしまいますが、生クリームを入れるとふわふわの食感に仕上がります。ホテルの朝食で出るスクランブルエッグも柔らかいですよね。それは、生クリームが入っているからなのです。

材料

うなぎかば焼き — 大2本
卵 — 4個　生クリーム — 40グラム
玉ネギ — 60グラム　ニンジン — 40グラム
ゴボウ — 40グラム　ミニアスパラ — 12本
バター — 少々
A（だし汁160cc、みりん20cc、濃口醤油20cc）
B（だし汁240cc、みりん20cc、濃口醤油20cc）
かたくり粉 — 20グラム　水 — 20cc
粉山椒 — 少々

作り方

1 ボウルに卵4個を割り、生クリームを加えて、さっとまぜる。
2 玉ネギはみじん切りにする。フライパンにバターを入れて、さっと炒める。
3 ニンジンはみじん切りにして、中火で2分ほどゆでる。
4 ゴボウはささがきにして、水にさっとさらしてアクを抜き、中火で2分ほどゆでる。
5 Aをまぜて、③、④を10分ほどひたす。ザルに上げ、ペーパータオルで水気を切る。
6 ①に、②と⑤を加えてまぜ、塩少々（分量外）を加える。
7 フライパンに油（分量外）をひき、⑥を1人分ずつ流し込む。かきまぜながらフライパンの端に卵を寄せ、オムレツの形にしたら器に盛る。
8 Bを中火にかける。かたくり粉を水でといて加え、温める。
9 うなぎは1本を半分に切り、電子レンジで温める。
10 ミニアスパラをゆでておく。
11 ⑦の上に、1人分のうなぎを盛り付け、⑧を1人分ずつかける。粉山椒を振る。⑩のミニアスパラを3本ずつ添える。

器提供：高橋良明

パンにもアレンジ自在

牛肉時雨煮

匠のひと手間

牛肉の時雨煮《しぐれに》は赤身肉で作るのが普通ですが、パサつくことがあるためカルビを使いました。食べ応えがあり、お子さんにも喜ばれる一品です。

残った時雨煮はサンドイッチにするのもお勧めです。レタスなどの野菜と一緒にどうぞ。タルタルソースかマヨネーズを一緒に挟むといいでしょう。

醤油を少なくして薄めに炊けば、お茶漬けも楽しめます。ご飯にのせ、だし汁か煎茶をかけ、三つ葉を散らして召し上がってください。

材料

牛カルビ肉薄切り ― ３００グラム
ショウガ ― 80グラム
九条ネギ ― 1束
A（砂糖大さじ7、濃口醤油50cc、酒大さじ6）

作り方

1 牛肉は食べやすい大きさに切り、熱湯をかけてアクを抜く。
2 ショウガは1センチ角に切る。
3 ①と②とAを鍋に入れ、中火にかける。煮立ったらとろ火にし、汁がなくなる直前に九条ネギを入れて火を止める（20～30分くらい）。

器提供：高橋良明

器提供：高部安子

風味生かしたピリ辛

燻製牛肉のコチュジャン和え

匠のひと手間

牛肉を風味あふれる燻製《くんせい》にしました。

ご家庭で燻製できない場合は、フライパンにバターをひき、両面に軽く焼き目をつけてたたき風にし、20ccの三度割りをかけて、味付けしてもよいです。コチュジャンは少し多めの分量にしましたが、辛さを調節してください。

材料

赤身牛肉ブロック — 200グラム
キュウリ — 2本
ネギ — 1本
ナス — 2本
三度割り（酒30cc、みりん30cc、濃口醤油30cc）
和えだれ（コチュジャン50グラム、砂糖10グラム、白みそ10グラム、濃口醤油少々）
桜チップ — 1カップ

作り方

1 赤身の牛肉を三度割りに2分間ほど漬ける。
2 アルミホイルを敷いたフライパンの上に桜チップを置いて、網を載せ、その上に①を置いてふたをする。8分間燻製にする。
3 ②を少し太めの短冊切りにする。キュウリ、ネギも短冊切りにし、冷水に入れパリッとさせる。
4 ナスは輪切りにして170度で揚げる。
5 ③、④を和えだれで和え、盛り付ける。

マイルドな辛味で
ひきしめる

鮪とアボカドの粒マスタード和え

材料

アボカド — ½個
マグロの刺し身 — 200グラム
A（粒マスタード20グラム、レモン汁少々、白ワイン小さじ1、ワサビ少々、オリーブオイル少々、濃口醤油少々）
チコリ — 4枚

作り方

1 マグロの刺し身、アボカドを2センチ角に切る。
2 Aを合わせ、①と和える。
3 ②を直径5センチほどの丸い型に入れて形を整え、皿にあける。
4 ③にチコリを添え、のせて食べる。

こしょうがきいた
さっぱり味

イカとクレソンのサラダ

材料

ヤリイカ — 2杯
クレソン — 2束
フルーツトマト — 2個
A（オリーブオイル40cc、レモン汁10cc、白ワイン20cc、塩小さじ1、白こしょう小さじ1）

作り方

1 新ヤリイカは水洗いして、わたを取る。身を2センチ幅に輪切りにする。
2 フライパンにオリーブオイル適量（分量外）を入れて、①を中火で炒める。
3 フルーツトマトは皮を湯むきしてヘタをとり、1個を縦に6等分にする。
4 クレソンは水洗いして、食べやすい大きさに切り、②、③とまぜ、Aで和える。

香り豊かに
初夏のソース

鶏塩蒸しの焼き茄子タルタル添え

材料

鶏胸肉 — 2枚　玉ネギ — ¼個
ナス — 4本　キュウリ — 1本
ダイコン — ¼本　ニンジン — ½本
A（粒マスタード大さじ2、マヨネーズ大さじ2、濃口醤油小さじ1）
塩 — 適量

作り方

1 鶏胸肉は皮を取る。鍋に水と水の量の0・5％程度の塩を入れ、65〜70度に熱する。スライスした玉ネギと鶏を鍋に入れ、温度を保ちながら弱火で50分ほどゆでる。火を止めたらそのまま置き、完全に冷めたらゆで汁ごと冷蔵庫に入れ、2〜3日置く。
2 ナスは焼いて皮をむき、みじん切りしてAとまぜる。
3 キュウリとダイコン、ニンジンは千切りにする。
4 ①の鶏を食べやすい大きさに切り、②と③と一緒に器に盛る。

器提供：林　則子

器提供：手塚秀子

器提供：手塚秀子

涼を楽しむ　琥珀仕立て

アスパラと車海老の葛切り

匠のひと手間

アスパラは、天ぷらにしても、牛肉を巻いて照り焼きでもおいしいですね。ここでは浸し汁に漬け、下味が付いているのでさらにおいしく味わえます。酒が入った湯で車エビをゆでると、色が良くなります。イカはヤリイカでもいいです。目が黒く、皮目につやと張りがあるものを選んでください。かのこ切りは下まで切れてしまうこともありますが、割り箸を上と下に置き、皮目を切ると失敗なく仕上がります。足の部分はこの料理には使わないので、たれ（七味少々、酒大さじ1、濃口醤油大さじ1）でつけ焼きに。葛切りが長いときは半分に切ってください。

材料

グリーンアスパラガス ― 8本
車エビ ― 8尾
シロイカ（剣先イカ）― 1杯
乾燥くず切り ― 30グラム
A（だし汁100cc、みりん10cc、薄口醤油10cc）
B（酒180cc、みりん36cc、薄口醤油18cc）
コンソメ琥珀《こはく》（板ゼラチン1枚、水360cc、チキンコンソメの素1個）

作り方

1 グリーンアスパラガスは皮をむき、ゆでて冷水にとる。Aに30分漬ける。
2 酒（分量外）を入れた湯で車エビを2分ゆでる。
3 イカは水洗いをして皮をむき、かのこ模様に包丁を入れて、一口大に切る。
4 ③をBで酒煎《さかい》りする。
5 くず切りはぬるま湯で戻す。
6 コンソメ琥珀を作る。鍋に水とコンソメの素を入れて火にかけ、水（分量外）にひたしてふやかしたゼラチンを加える。バットに流し入れて冷やし、固まったら空気を入れないよう切り崩す。
7 ①、②、④、⑤を器に盛り付けし、⑥をかける。

器提供：東山堂

秋

山海の秋　一皿に盛る

秋の吹き寄せ

——柿の白和え　秋刀魚の味醂干し　焼き目栗　枝豆茶巾

匠のひと手間

吹き寄せとは、旬を迎える季節の山海の食材を、一皿に盛り込んだものです。料亭では、秋の味覚を楽しむために、この季節に出されることが多いです。

柿は果物ですが、白和えのほか、サラダに入れたり、天ぷらにして出すこともあります。

枝豆茶きんは、カッテージチーズをまぜても、ワインに合う一品になります。

味醂干しは、このたれさえ知っていれば、おいしい味醂干しが家で手軽に作れます。

柿の白和え

材料
柿 — 4個
絹豆腐 — 半丁
A（練りゴマ大さじ1、砂糖大さじ1、塩小さじ½、薄口醤油小さじ½）

作り方
1 柿は上3分の1を切り取りふたに使用。下部をスプーンなどでくりぬき、器をつくる。くりぬいた実は食べやすい大きさに切る。
2 豆腐は沸騰した湯で5分ほどゆで、ペーパータオルで水分を取る。冷めたら、すり鉢に入れ、すりこ木でAとまぜ合わせる。
3 ②と①の柿の実をあえ、①で作った器に入れる。

秋刀魚の味醂干し

材料
サンマ — 2匹
A（酒30cc、濃口醤油30cc、みりん60cc）

作り方
1 サンマを水洗いして、三枚におろし、身をAに30分ほど漬ける。身から皮目に向かってくしを刺し、3時間ほど外干しする。
2 グリルの弱火で5分ほど焼く。

焼き目栗

材料
クリ — 8個
A（水360cc、砂糖30《グラム》）

作り方
1 クリは渋皮もむき、水（分量外）に5分ほどつけ、アクを抜く。（クリの皮むきが苦手な人は、真空パックのむきぐりでもよい）
2 沸騰した湯に①を入れ、中火で15分ほどゆで、ザルに上げて冷ましておく。
3 鍋にAを入れ沸騰させ、②を入れて、20～30分、中火で煮含める。冷めてからグリルで焼き目を付ける。

枝豆茶巾

材料
枝豆 — 360《グラム》
A（砂糖大さじ1、塩小さじ½）

作り方
1 枝豆はさやごと塩（分量外）でもみ、洗ってから沸騰した湯で5分ほどゆで、豆を取り出し薄皮も取る。全体の4分の1を豆のまま残し、残りをすり鉢で形がなくなるまですりつぶし、裏ごし器で裏ごしする。
2 ①と残した豆、Aをまぜ合わせて4等分し、ラップを使って茶きんしぼりにする＝**写真**。

器提供：手塚秀子

大切な人と温まる鍋

鯛蕪

匠のひと手間

鯛《たい》は頭の部分だけを使うのでもかまいません。頭は家庭では切りづらいので、鮮魚店で買う時に、切ってもらうと良いでしょう。

カブは大きめのものを使って、ゆですぎないように、注意してください。

鯛蕪《たいかぶら》の煮汁は、だし汁12、味醂、薄口醤油、酒各1の割合です。煮含めることで味が染み込みます。アクが出るので、ていねいにすくってください。

材料

タイ — 1匹（500グラム）
カブ — 2個
ミズナ — 100グラム
木の芽 — 20枚
A（だし汁480cc、みりん40cc、薄口醤油40cc、酒40cc）

作り方

1 タイはうろこを取って水洗いし、頭を6切れに切る。身は二枚におろして小口切りにする。
2 ①のタイの皮目の方だけに、焼き網の上などで焼き目をつける。
3 カブは6個に切って皮をむき、竹ぐしが通るぐらいの硬さになるまで中火で10分ほどゆでる。
4 ②③を鍋に入れ、Aを加えて中火の弱で10分ほど煮含める。
5 ミズナは一度軽くゆでてから5センチほどの長さに切り、食べる直前に鍋に入れる。最後に木の芽をのせる。

器提供：東山堂

器提供：高橋良明

お肉の楽しみ方　再発見

牛肉の三色揚げ

匠のひと手間

油揚げ、大葉、のりの三色揚げです。薄切りの牛肉を、肉の食感が残る程度にたたきます。他の材料とあわせたら、ハンバーグと同じくらいの固さを目安に、手で練りまぜてください。

強い火で揚げると焦げてしまうので気をつけて。最後に180度近くにすると、からっと揚がります。

材料

牛肉（赤身薄切り）―150グラム
レンコン―150グラム（1節）
油揚げ―2枚　のり―1枚
大葉―8枚　卵―1個
小麦粉―適量
天ぷら衣（水40cc、小麦粉40グラム）
ちり酢（だし汁80cc、薄口醤油40cc、みりん20cc、酢20cc）
ダイコン―1/4本
アサツキ―適量

作り方

1 牛肉を細切りにして、軽めにたたく。
2 レンコンは皮をむいて水に漬けてから、粗めのみじん切りにする。
3 牛肉とレンコンに溶き卵を加えてまぜ合わせ、塩、こしょう（分量外）で下味をつける。
4 油揚げを包丁でたたいて開き、半分に切る。のりは1枚を縦長の4等分に、大葉は2枚1組。小麦粉をそれぞれの内側にまぶす。
5 油揚げとのりでそれぞれ③を巻き、広がらないようつまようじで留める。大葉1枚に③をのせ、もう1枚を重ねる。それぞれに天ぷら衣をつける。
6 170度に熱した油に、油揚げとのりを巻いたものを入れ、2分～2分半ほどで取り出す。大葉で巻いたものも油で揚げるが、色鮮やかなうちに1分ほどで取り出す。
7 のりと油揚げは、一口大に切る。大葉と一緒に器に盛る。
8 ちり酢の調味料をあわせ、しぼった大根おろしを加えてアサツキを上に添える。

器提供：伊藤ふみ子

揚げて引き立つ軟らかさ

鶏肉の土佐酢漬け

匠のひと手間

鶏肉と酢の相性は抜群。鶏はひと手間になりますが揚げてください。土佐酢に漬けると、焼いた鶏よりも軟らかく、味も染み込みやすいです。皮目の香ばしさも揚げた方が際立ちます。漬け込む時間は少なくとも1時間以上。一晩漬け込んでもおいしく食べられます。

土佐酢は鯵《あじ》の空揚げを漬け込んだら、南蛮漬けになります。玉ネギやパプリカなど野菜を漬けてもおいしくいただけますが、生のままより、焼くか素揚げにしてから漬けた方が味が染み込みます。

材料

- 鶏モモ肉 — 2枚
- 玉ネギ — ½個
- 白髪ネギ — 適量
- アサツキ — 適量
- ミョウガ — 3本
- A（酢300cc、みりん150cc、だし汁220cc、薄口醤油100cc、塩小さじ½、砂糖大さじ1½）

作り方

1 鶏モモ肉の皮目をフライパンで焼き、焼き目を付けてから170～180度の油で素揚げする。

2 スライスした玉ネギをフライパンで炒める。

3 ①と②を一煮立ちさせたAに1～2時間漬け込む。

4 鶏肉の皮目を上にして、食べやすい大きさに切って器に盛り、タマネギを脇に添える。白髪ネギ、アサツキ、ミョウガを細切りにしてまぜ、鶏肉の上に盛る。

殻牡蠣の素焼き

牡蠣に味噌　相性は抜群

匠のひと手間

殻付き牡蠣《かき》を開ける時は、平たい方の殻を上に、殻のちょうつがいを手前にします。貝むきかマイナスのドライバーを使い、殻の右側の真ん中辺りにある貝柱をはずすと開けやすいです。

素焼きには、今まで何度か登場した日本料理の隠し味「玉みそ」と、卵黄とサラダ油で作った「玉子の素」を使います。

牡蠣とみその相性は抜群。牡蠣の濃厚なうま味にこくのある玉みそと玉子の素が絡み合い、絶妙な味わい。最後にたらす醤油が味を引き締めてくれます。

材料

殻付きカキ — 8個
シメジ — ½パック
アサツキ — 適量
A（酒80cc、薄口醤油20cc、みりん20cc）
B（卵黄2個分、サラダ油180cc）
C（白みそ250グラム、酒135cc、卵黄2個分）
※Cの玉みそは、一部を使用。

作り方

1 カキは殻のまま水洗いして身を取り出し、薄い塩水で洗う。鍋にAを入れて火にかけ、カキを中火で1分ほど煮る。シメジは食べやすい大きさに分け、熱湯で1分ほどゆで、冷ましておく。
2 ボウルにBの卵黄を入れ、泡立て器でまぜながら、サラダ油を少しずつ加え、まぜる。
3 玉みそを作る。鍋にCを入れて弱火にかけて、酒でみそを20〜30分練る。しゃもじに付くぐらい粘り気とつやが出たら、溶いた卵黄2個をまぜ2〜3分練り込む。
4 ②に③の小さじ2を入れ、まぜる。
5 カキを殻に戻し、④大さじ1をのせ、シメジを散らす。150度のオーブンで5分焼いて取り出したら、醤油（分量外）を2、3滴たらし、刻んだアサツキをのせる。

吉野あんで　旬をほっこり

蕪とあさり深川煮

材料

カブ ― 4個
八方だし（だし汁360cc、みりん40cc、薄口醤油40cc）※カブはだし汁多目で炊く
アサリ（大きめ）― 20個　酒 ― 20cc
九条ネギ ― 4本　ショウガ ― 50グラム
A（だし汁180cc、アサリの蒸し汁20cc、みりん20cc、薄口醤油20cc）
かたくり粉 ― 大さじ2

作り方

1 大カブを八方むきにし真ん中をくり抜く。竹ぐしが通るくらいややかために約10分、米のとぎ汁で湯がく。
2 八方だしで①を中火の弱で約10分煮含める。
3 砂出ししたアサリを酒と一緒に殻が開くまで3~5分蒸す。
4 殻からアサリを取り出す。蒸し汁は煮汁Aに使う。
5 九条ネギは1センチの小口切り、ショウガはみじん切りにする。
6 Aを煮立たせ、④のアサリと⑤を入れ水溶きかたくり粉を加える。
7 カブの穴に⑥を入れる。

玉味噌添え　丸ごと味わう

蕪のふろふき

材料

カブ ― 4個
A（だし汁900cc、薄口醤油60cc、みりん60cc）
B（白みそ250グラム、酒135cc、卵黄2個分）
練りゴマ ― 小さじ1　酒 ― 大さじ½
ユズ ― ¼個
※Bは作りやすい分量。

作り方

1 カブは皮付きのまま、上3分の1を切り取り、下3分の2の中央を深さ1~2センチ分くりぬく。
2 ①を竹ぐしがささるぐらいの硬さになるまで、弱火で20分ほど米のとぎ汁でゆでる。
3 Aと②を鍋に入れ、弱火で20分ほど煮含める。
4 玉みそを作る。鍋にBを入れて弱火にかけて、酒でみそを20~30分練る。しゃもじに付くぐらい粘り気とつやが出たら、溶いた卵黄2個をまぜ2~3分練り込む。
5 ④大さじ2に練りゴマを加えてまぜ、一度沸騰させた酒大さじ½を入れてよくまぜ、カブのくりぬいたところに入れる。
6 ⑤を器に盛り、ユズの皮をすりおろして振りユズをする。

貝とあわせ　食感楽しむ

蕪のバター焼き

材料

カブ ― 2個　ホッキ貝 ― 2個
ヤリイカ ― 1杯　インゲン ― 8本
オリーブオイル ― 小さじ1
バター ― 10グラム
塩 ― 少々　コショウ ― 少々
A（酒小さじ2、濃口醤油小さじ1）
レモン ― ½個　バルサミコ酢 ― 小さじ1

作り方

1 カブは皮をむき、上下を切り落とし、横半分に切る。フライパンに入れ、弱火で裏表を返しながら、火が通るまでじっくり焼き、醤油（分量外）をはけで表面にぬる。
2 ホッキ貝は縦半分に切り、イカは身とげそを食べやすい大きさに切る。
3 インゲンを沸騰したお湯で1分ゆでる。
4 フライパンにオリーブオイルとバターを熱し、①、②、③を入れ、塩、コショウを振って火が通るまで炒める。最後にAとレモン汁をまぜ入れる。
5 器に盛り、バルサミコ酢を振り入れる。

器提供：1864

器提供：手塚秀子

器提供：林　則子

鰊茄子煮

ゆっくり紡ぐ　みやびな味

匠のひと手間

鰊《にしん》は戻すのに2～3時間かかります。圧力なべを使えば早く戻せますが、ゆっくり時間をかけて戻した方がおいしいです。

味付けは砂糖を先に入れ、甘めの味がついたら用意した量の半分ほどの醤油を加え、味を整えます。お好みで徐々に加えていきますが、7割ぐらいの量でいいでしょう。酒を加えると味がよくなります。

材料

- 身欠きニシン — 4匹
- ナス — 4本
- だし昆布 — 1枚
- ショウガ — 50グラム
- 米のとぎ汁 — 適量　サラダ油 — 適量
- A（ニシン戻し汁540cc、酒90cc、砂糖10グラム、濃口醤油10cc）
- B（だし汁400cc、みりん40cc、濃口醤油40cc）
- タカノツメ — 1本

作り方

1. ニシンの身は3等分に切り、前日から米のとぎ汁に漬けておく。
2. ①をとぎ汁ごと80度で約10分火にかける。水に入れ、うろこを取る。
3. 半分に切っただし昆布を鍋に敷き、その上に②のニシンを置く。また昆布をのせ、落としぶたをする。ニシンがかぶるぐらい水を入れ、水がなくなったら加えながら弱火でゆっくり2～3時間かけて戻す。
4. ニシンが軟らかくなったらAに入れ、中火で20分ほど煮る。
5. ナスは上下を落とし、縦半分に切って素揚げしたら、熱湯にくぐらせて油を落とす。
6. ⑤をBにタカノツメを入れた汁で5分ほど煮る。
7. ニシンとナス、四角に切っただし昆布を盛りつけ、針ショウガを添える。

器提供：江刺富美子

器提供：進藤兼興

味の味覚　サクッといただく

栗と銀杏のかき揚げ

匠のひと手間

かき揚げは、衣を一人分ずつからめた方がよい形に仕上がります。具材を油に入れてすぐは、浮いてくる泡が大きいのですが、火が通ってくるとだんだん小さくなります。小さくなったところで取り出し、後は余熱で火を通します。具材を油に入れてから具材に空気を入れてやるとサクッと揚がります。

小柱や車海老と三つ葉のかき揚げなども同じです。

抹茶と塩を同量ずつまぜた抹茶塩を付けても美味です。

材料

クリ — 8個
ギンナン — 20個
シイタケ — 4枚
スダチ — 2個
小麦粉 — 大さじ1
A（小麦粉150グラム、卵黄2個分、冷水1カップ）
※Aで作る天ぷら衣は多めなので量は調節する

作り方

1 クリは鬼皮、渋皮をむいて器に入れ、ラップをかけて電子レンジで5分加熱する。ギンナンは殻を取り薄皮をむく。シイタケは石づきを取り薄切りに。
2 ①の具材すべてをボウルに入れて小麦粉を振り、まぜる。
3 Aをまぜ、天ぷら衣を作る。
4 ②を四等分し、一人分を別のボウルに入れ、③適量とまんべんなくまぜる。
5 ④をお玉ですくって160～170度の油に入れ、2、3分揚げる。
6 皿に盛り、スダチを添える。

実りに感謝を込め　お月見

十五夜盛り合わせ

——黄身の味噌漬　蒸し小芋　茹で枝豆　栗もどき　秋刀魚漬け焼き

匠のひと手間

卵を満月に見立て、秋の味覚を盛りました。

卵は白身が固まらないように65〜70度で。味噌に漬けすぎると硬くなります。白身はていねいに取ってください。

サンマは焦げやすいので注意して。

黄身の味噌漬

材料

卵（L玉）—4個　白みそ—250グラム

作り方

1 温泉卵をつくり、白身をこそげ取る。
2 黄身を白みそに約6時間漬け込む。

蒸し小芋

材料

石川小芋—8個　だし昆布—½枚（60グラム）

作り方

1 石川小芋の端を切り落とし、皮はむかずにだし昆布の上に並べ、竹ぐしが通るぐらいまで20〜30分蒸す。
2 ①に薄く塩（分量外）を振って自然に冷ます。

茹で枝豆

材料

枝豆—12本

作り方

1 枝豆はさやごと塩もみして、洗い流してからゆでる。
2 ザルに上げて塩（分量外）を振る。

器提供：1864

栗もどき

材料

サツマイモ ― 大きめ1本
クチナシ ― 1個
A（水230cc、上白糖40グラム）

作り方

1 サツマイモをクリの形に切り、クチナシを入れた湯で竹ぐしが通るまでゆで、水に1分さらす。
2 沸騰させたAに①を入れ弱火で5分煮る。

秋刀魚漬け焼き

材料

サンマ ― 2匹
B（みりん50cc、濃口醤油30cc、酒30cc）

作り方

1 サンマの頭を切り落とし、内臓を取りよく洗う。三枚におろし、腹骨を包丁でかき取り、Bに20分漬け込む。
2 たれを拭き取り、魚焼きグリルで、ごく弱火で焼く。

塩加減が決め手

鯖の棒寿司

匠のひと手間

棒寿司は、作るのが難しく思えるかもしれませんが、塩加減さえ気を付ければ簡単に家で作ることができます。皮目に多めに塩を振ることで、手で簡単にむくことができます。鯖《さば》は鮮度がとても大切です。刺し身でも食べられるような生きのいい鯖を選んでください。鮮魚店で三枚におろしてもらってもいいです。すし飯は好みにより、酢などの量を調節するとよいでしょう。また、棒寿司を巻くすし飯の量は、鯖の大小にあわせてください。

材料

サバ — 1匹
塩 — 100グラム
A（酢360cc、砂糖小さじ1）
ご飯　400グラム
B（酢90cc、砂糖65グラム、塩20グラム）※量は多め

作り方

1 サバを三枚におろし、皮目の方が多めになるよう、塩を両面に付ける。2時間ぐらい置いた後、塩を洗い落とし、Aに20分ほど漬ける。
2 Aから取り出したサバの腹骨をそぎ落とし、皮を手ではがす。
3 Bを鍋で一煮立ちさせて冷まし、ご飯とまぜ（全量ではなく加減して）、すし飯にする。
4 巻きすの上にラップを敷き、背を下にしてサバを置いて、すし飯の半量をのせて巻く。もう片身も同様にして巻く。
5 ラップをはがし、1本を10切れほどに切る。1人前は4、5切れ。

器提供：進藤兼興

器提供：手塚秀子

定番も二種使いで　老舗の味

鯖味噌煮

匠のひと手間

鯖味噌煮は家庭料理の定番。味噌で鯖の臭みが消え、うま味が際立ちます。ショウガも臭みを取るために必ず入れてください。

ご家庭それぞれの味があるでしょうが、味噌を2種類使うことによってこくが増すことを覚えておいてください。使ったのは信州味噌と赤味噌。赤味噌を入れることでまろやかさが出ます。煮詰める時は煮汁に少しとろみが出始めるまで、中火にし、それから弱火にと火加減を調節します。煮すぎると、身が崩れ、味が濃くなってしまいます。

材料

サバ — 1匹（700グラム）
ショウガ — 2/3個
ウド — 1本
木の芽 — 適量
A（だし汁500cc、酒50cc、砂糖70グラム、みりん大さじ1、信州みそ110グラム、赤みそ30グラム）

作り方

1 サバは水洗いして三枚におろし、片身を半分に切った後、熱湯にくぐらせ、冷水に取る。

2 ウドは長さ7センチほどに切り、皮をむいて俵の形にする。湯の中に大さじ1ほどの酢（分量外）を入れ、2、3分ゆでる。

3 鍋にAとサバ、ショウガ1/3を皮のまま薄く輪切りにしたものを入れ、落としぶたをして中火で20分ほど煮る。15分ほど過ぎた時に②も入れ、一緒に煮詰める。

4 残りのショウガの皮をむき、薄くスライスしたものを千切りにする。

5 ③を皿に盛り、④のショウガと木の芽をのせる。

ひき肉と南瓜　味の相乗効果

射込み南瓜

匠のひと手間

「射込み」とは南瓜《かぼちゃ》や太めのゴボウなどの中身をくり抜き、中に肉や豆腐など、ほかの具材を詰め込む料理です。

鶏ひき肉の半量を酒煎りし、生肉とまぜるのがポイント。すべて生肉だと、肉が縮み、南瓜との間にすき間ができてしまいます。酒煎りした肉と半々にすると、すき間ができません。

器提供：梅村正信

材料

坊ちゃんカボチャ ― 1個
鶏モモひき肉 ― 100グラム
A（酒50cc、醤油30cc、砂糖小さじ1）
卵 ― 1個
すりおろしたヤマトイモ ― 大さじ1
みじん切りにしたショウガ ― 大さじ1
B（だし汁900cc、みりん100cc、濃口醤油100cc、砂糖大さじ2）
かたくり粉 ― 大さじ2

作り方

1 カボチャのヘタの部分を包丁で丸く切り取り、スプーンなどで中身をくりぬく。鍋に湯を沸かして10分ほどゆで、穴を下にしてザルに上げ、水気を切る。

2 フライパンに鶏ひき肉半量とAを入れ、火が通るまで煎る。ザルに上げて水分を切り、冷ましたら残りの鶏ひき肉と卵を加え、よくまぜる。すりおろしたヤマトイモを入れ、まぜ合わせ、最後にみじん切りにしたショウガをまんべんなくまぜる。

3 カボチャの内側にかたくり粉（分量外）を軽く付け、②を詰める。大きめに切ったラップにカボチャを置いて包み、持ち手になるよう上部でラップを束ね、輪ゴムで留める。蒸し器で15分蒸した後、取り出し、ラップに竹ぐしなどで数カ所穴を開ける。

4 深めの鍋にBを入れ一煮立ちさせた後、ラップのまま③を入れ、中火で20～30分煮含める。カボチャを取り出して4等分に切る。

5 ④の煮汁180ccを沸騰させ、水で溶いたかたくり粉をまぜてあんを作り、カボチャにかけていただく。

秋の野菜をきんぴら風に

煎りなます

器提供：手塚秀子

材料

レンコン — 70グラム
干しシイタケ — 5枚
ニンジン — 70グラム
ゴボウ — 150グラム
シラタキ — 1個
A（薄口醤油35cc、酢40cc、砂糖35グラム、塩少々）
ゴマ油 — 20cc
卵 — 1個
絹さや — 20枚
切りゴマ — 大さじ1

作り方

1 レンコンは縦に4等分し、小口に切る。
2 干しシイタケは水で戻して細めに切る。
3 ニンジン、ゴボウは3センチに切った後、細めに切る。
4 シラタキは湯通しして、食べやすい長さに切る。
5 野菜を一種類ずつごま油でいためて合わせ、最後にAをからめる。
6 薄焼き卵を作り、⑤と合わせる。
7 絹さやをゆでて千切りにし、煎ったゴマを包丁で刻んだ切りゴマとともに⑥に加え、器に盛る。

紅玉と酢で酸味の共演

鯵とリンゴの博多盛り

器提供：1864

材料

A（だし汁75cc、みりん10cc、薄口醤油10cc、煮きり酢10cc）※作りやすい分量。使うのは半分
かたくり粉 — 大さじ½
アジ（30グラム）— 2匹
米酢 — 適量
砂糖 — ひとつまみ
リンゴ — ½個　塩 — 適量
ショウガ — 10グラム
キュウリ ½本

作り方

1 Aを一度煮立てて、水溶きかたくり粉を加えてとろみを付け、冷ます（吉野酢）。
2 アジは水洗いして三枚におろし、強めに塩をふり10分置く。
3 アジを水で洗い、砂糖を入れた米酢に10分漬ける。中骨を抜いて皮をはぎ、そぎ切りして鹿の子に切れ目を入れる。
4 リンゴは縦に4等分し、種を取る。皮付きのまま2ミリの厚さに切る。薄い塩水につけた後、ペーパータオルで拭き取る。
5 ショウガとキュウリはそれぞれ細く切り、針ショウガと針キュウリにする。
6 リンゴ、アジ、リンゴ、アジと一番上にアジがくるように重ねて盛る。
7 ⑥に①の吉野酢を1人分大さじ1杯半ほどかけ、⑤を盛る。

味噌で引き立つ　肉のうま味

牛肉ご飯のコロッケ

匠のひと手間

コロッケは温かいご飯で、もむようにまとめます。具材には一度火が通っているので、パン粉が揚がれば大丈夫。豚肉でもかまいません。味噌だれには、市販の「料亭赤だしの合わせ」がよいです。卵黄を入れるとまろやかで口当たりがよくなります。最後に湯煎すると日持ちします。余ったら、なす田楽や焼き豆腐などに。

材料

みそだれ（赤みそ100グラム、砂糖50グラム、酒100cc、卵黄1個分）
錦野菜（キャベツ1/6個、ニンジン1/2本、キュウリ1本、ダイコン10センチ）
牛肉（こま切れ）―100グラム
玉ネギ―100グラム
バター―10グラム
ご飯―200グラム
パン粉―70グラム
卵―1個
サラダ油―適量

作り方

1 赤みそ、砂糖、酒をよくまぜて湯煎にかけ、練り上げる。火からおろして卵黄を入れ、1分ほど湯煎してまぜる。
2 野菜をすべて千切りにし、まぜて皿に盛る。
3 牛肉を細かく切る。玉ネギはみじん切りにする。
4 牛肉と玉ネギに軽く塩・コショウ（分量外）を振って、バターで炒める。
5 ④をご飯とよくまぜ、俵形にする。溶き卵とパン粉をつけ、170度の油で軽く揚げる。
6 みそだれの上にコロッケを盛りつける。

器提供：手塚秀子

器提供：1864

前菜もシメも秋はこれで

牡蠣と生海苔の琥珀和え

匠のひと手間

牡蠣《かき》は10月に水揚げが解禁となります。季節を感じながら、海の味覚を堪能できる料理の品を考えました。

むいたカキは、大根おろしで洗うことをおすすめします。汚れがよくとれ、カキの旨みが引き立ちます。

琥珀和えは、ガラスの器に盛ると美しく映えます。写真ではワイングラスを使いました。生のりが余ったら、冷凍保存できますので、お吸い物などの料理に使ってください。琥珀の残りは、温泉卵にかけるとおいしくいただけます。

材料

カキ（殻付き生食用）— 8個
生のり — 1/3パック
ワサビ — 少々
レモン — 1/4個
琥珀（だし汁４８０cc、みりん60cc、薄口醤油60cc、板ゼラチン1枚）※量は多め

作り方

1 生のりはガーゼに包んで1時間ほど水につけ、塩抜きする。
2 粉ゼラチンがふやける程度の水（分量外）を加える。やわらかくなったら、だし、みりん、薄口醤油とよくまぜ、80度ぐらいまであたためて琥珀を作る。
3 生のりの水分をよく絞り、琥珀と合わせる。ワサビ少々とレモン汁少々を入れて味を整える。
4 カキは殻からはずしてよく洗い、大きい場合は二つか三つに切って③とまぜ、器に入れる。

2種類の芋使い　しっとり

海老まんじゅう

匠のひと手間

海老はとくに種類は問いません。形のきれいな海老まんじゅうを作るコツは、海老を包む時に中の空気を抜くように丁寧に丸めること。空気が入っていると揚げた時に破裂してしまいます。2種類の芋を使うことで口当たりのよい生地に仕上げました。大和芋はまとまりにくいので、しっとり感のあるメークインとまぜました。

材料

エビ — 150グラム　ヤマトイモ — 300グラム
ジャガイモ（メークイン）— 100グラム
卵 — 1個
A（砂糖大さじ½、濃口醤油大さじ1、酒大さじ1½）
B（塩小さじ⅓、卵黄1個分、かたくり粉大さじ3）
パン粉 — 適量　マイタケ — 1パック
シメジ — 1パック　エノキダケ — 1パック
インゲン — 4本
C（だし汁400cc、濃口醤油40cc、みりん40cc）
かたくり粉 — 大さじ4　ワサビ — 適量

作り方

1 エビは殻をむき、身を包丁でつぶす。Aを鍋に入れて火にかけ、エビを入れ、汁があるうちにかたくり粉大さじ1を振り入れ、火から外す。冷めたら八等分する。

2 ヤマトイモは皮をむき、酢水（酢は水の1割）に10分ほどつけた後、5センチ幅に切る。ジャガイモは皮をむき、半分に切る。どちらも皿に入れて蒸し器で8分蒸す。

3 ②を裏ごしし、Bを入れてよくまぜる。八等分し、1つずつ丸めて団子状にしてから平らにのばし、①のエビを入れ、また丸める。

4 ③にかたくり粉（分量外）をまぶして、卵白に水大さじ1を入れてまぜたものにくぐらせ、パン粉をつけて160～170度の油で揚げる。

5 キノコ類は食べやすい大きさに切り、1分ゆでる。インゲンも30秒ゆで、2センチの長さに切る。

6 Cを鍋に入れて沸騰させ、水で溶いたかたくり粉大さじ3をまぜてあんを作り、⑤を加え、④にかける。ワサビをのせる。

器提供：月岡三郎

器提供：高橋良明

旬を丸ごと手軽に味わう

秋刀魚の秋野菜焼き

匠のひと手間

家庭で簡単にできる料理として旬の秋刀魚《さんま》に、旬の野菜を合わせました。シメジは丹波シメジなど大きめのものを選んでください。茄子《なす》は斜めに切る笹打ちでもよいです。薄くしない方が歯応えがあります。壬生菜《みぶな》も秋が旬。緑をきれいに出すため、ゆですぎないように注意してください。松茸や、時季の野菜も使ってみてください。

材料

サンマ—2匹
塩・こしょう—少々
シメジ—1パック
シイタケ—8個
ナス—2本
ギンナン—20個
乾燥キクラゲ—2グラム
壬生菜—½束
小麦粉—大さじ2
サラダ油—大さじ2
炒め調味料（酒大さじ2、濃口醤油大さじ1、砂糖小さじ½）
スダチ（レモン）—1個

作り方

1 サンマを三枚におろし、腹骨を取る。塩・こしょうを振る。

2 シメジは石づきを取り、適当な大きさに裂く。シイタケは軸を取り4等分に。ナスはへたを取って横半分に切り、縦に6等分する。キクラゲは水に戻して細く切る。

3 壬生菜はさっと湯がいて水気を絞り、4センチに切る。ギンナンは殻をむいてゆで、薄皮もむく。

4 サンマに小麦粉をはたき、サラダ油大さじ1をひいたフライパンで強めの中火で焼く。

5 ②をフライパンにサラダ油大さじ1で炒め、炒め調味料をからませる。火を止め壬生菜を入れ、手早くまぜる。

6 サンマを器に盛り、⑤とギンナンをのせる。スダチを添える。

凝縮された　葱の味わい

下仁田葱すり流し

材料

下仁田ネギ―2本
A（固形コンソメスープ1個、水360cc）
B（みりん小さじ½、薄口醤油　小さじ½）
バター―10グラム
鶏ひき肉―50グラム
C（酒20cc、みりん10cc、薄口醤油10cc）
白玉粉―50グラム　水―40cc
シイタケ―4個

作り方

1 Aを鍋に入れて加熱し、スープを作っておく。
2 ネギは水洗いし、白い部分と青い部分に分け、長さ5センチに切る。蒸し器で3分ほど蒸し、青い部分を先に取り出す。白い部分はさらに7分蒸す。
3 蒸し上げた白い部分をミキサーにかけ、①の鍋に入れる。Bも入れて10分ほど弱火で煮た後、バターを入れる。
4 鶏ひき肉とCをフライパンで炒め、ザルに上げて水分を切り、四等分する。
5 白玉粉と水をまぜて生地を作り、四等分する。ラップに丸く広げ、④を入れてラップで包むように丸めて団子にし、10分ゆでる。
6 器に盛った③の上に団子を置く。蒸したネギの青い部分を千切りにして少量のせ、ゆでたシイタケを四等分して散らす。

ふんわり味を　卵で演出

はんぺん印籠揚げ

材料

はんぺん―2枚　卵（L玉）―2個
A（塩小さじ⅓、砂糖小さじ½、薄口醤油小さじ½）
鶏モモ肉―40グラム　酒―20cc
ニンジン―⅕本　絹さや―8枚
シイタケ―2個　乾燥キクラゲ―2グラム
だし汁―適量　のり―1枚
天ぷら衣（水40cc、小麦粉40グラム）
万願寺とうがらし―2本
天ぷらだし（だし汁200cc、みりん40cc、薄口醤油40cc）
ダイコン―¼本　ショウガ―¼
サラダ油―適量

作り方

1 はんぺんを斜め半分に切り、切り込みを入れて袋状にする。
2 卵をよくまぜAを加え、スクランブルエッグのように中火で煎る。固まり過ぎないように。
3 鶏肉を1センチ角に切り、酒と塩少々、みりん（分量外）を少し入れた湯でゆでる。
4 水で戻したキクラゲと野菜は長さ3センチの千切りにし、薄味のだし汁でさっと煮る。
5 鶏肉と野菜を②とまぜ、はんぺんに詰める。2センチほどの帯状に切ったのりで切り口を巻く。
6 天ぷら衣をつけたはんぺんを170度の油で揚げる。万願寺とうがらしも素揚げする。
7 はんぺんを半分にし、万願寺と盛り、天ぷらだしを温めて張る。大根おろし、ショウガを添える。

一口ごとに　季節を感じる

蓮の吹き寄せ蒸し

材料

レンコン―400グラム
卵白―1個分
車エビ―4尾　焼きアナゴ―1本
シイタケ―4枚　ギンナン―12個
生キクラゲ―20グラム　ユリ根―1個
A（だし汁150cc、薄口醤油大さじ1、みりん大さじ1）
かたくり粉―大さじ2
おろしショウガ―適量

作り方

1 レンコンは皮をむき、酢水（水に対し酢1割）に20分ほどつけた後、よく洗い、すりおろす。泡立て器でよく泡立てた卵白と塩ひとつまみ（分量外）を入れてまぜる。
2 エビは1、2分ゆでて身だけにする。焼きアナゴは3センチ幅に切る。シイタケは石づきを取り、1、2分ゆでて三等分に。ギンナンは3分ほどゆでる。キクラゲは千切りにしておく。ユリ根は1片ずつはがし、弱火で3分ぐらいゆでる。各材料を四等分する。
3 四等分した①に②の1人分を入れ、スプーンなどでまぜ、器に入れる。蒸し器で7分ほど蒸す。
4 Aを鍋に入れて沸騰させ、水（分量外20cc）で溶いたかたくり粉を入れてとろみをつける。③にかけ、おろしショウガを添える。

器提供：1864

器提供：手塚秀子

器提供：1864

うまみぎゅっと煎り豆腐に

イカ 玉子けんちん煮

匠のひと手間

大きめのヤリイカを使ってください。スルメイカでもかまいません。

けんちんは、半分残した卵を最後に煎り豆腐に加えてイカに入れると、まとまります。パンクしないように詰めすぎないで。つまようじで留めてください。

イカは煮過ぎると硬くなるので気をつけて。

材料

ヤリイカ — 2杯
木綿豆腐 — 半丁
A（だし汁40cc、みりん10cc、薄口醤油10cc、砂糖10グラム）
干しシイタケ（中くらい） — 4個
ニンジン — ½本
絹さや — 12枚
卵 — 2個
B（だし汁540cc、みりん90cc、濃口醤油90cc、酒90cc、砂糖80グラム）
かたくり粉 — 適量
青唐辛子 — 8本
C（みりん10cc、濃口醤油10cc、酒10cc）

作り方

1 イカの足を取り水洗いする。
2 豆腐の水気を取り、手で崩しながら鍋に入れ、Aを加える。
3 干しシイタケは水で戻して細切りに。ニンジンは2センチの長さの短冊切りにして軽くゆでる。絹さやは軽くゆで、4等分に切る。
4 ②に③のニンジン、シイタケを入れて煎る。溶き卵1個を入れ、軟らかく固まったら火を止める。冷めたら絹さやを入れる。
5 ④に溶き卵1個をさらに加えてよくまぜ、イカに詰める。
6 イカをBで5分ほど煮る。煮上がったイカを鍋から取り出し、煮汁に水溶きかたくり粉を加え、鍋にイカを戻してからませる。
7 ⑥を一口大に切って盛りつける。青唐辛子を焼き、Cに漬けたものを添える。

器提供：林　則子

冬

祝い酒のお供に　縁起物

祝肴

匠のひと手間

祝い酒に合う3品の「祝肴《いわいざかな》」です。正月を祝う、おめでたい気持ちが込められています。数の子は子孫繁栄を願って食される正月には欠かせない食材。わかめで巻くのは「身を守る」ことを意味します。塩抜き後に酒で一度洗うと、より長持ちし、漬け汁もよく染み込みます。わかめの巻きが一重しかないと迫力が出ません。数の子の大きさに合わせ、二重、三重に巻いてください。鶏二身揚げの味付けは塩、コショウのみですが、蒸した後、さらに揚げることで凝縮された鶏と魚のうま味を味わえます。

錦玉子は砂糖をまぜることでしっとり感が出るので、よくまぜてください。黄身は崩れやすいので、しっかり押し固めるのがポイント。流し缶は寒天やゼラチンを使って材料を冷やし固める時や蒸し物にも使えるステンレス製の調理器具。家になければ、グラタン皿などの耐熱皿にクッキングシートを敷いて蒸すと、底がきれいに取り出せます。

数の子身巻

材料

カズノコ — 8本
乾燥ワカメ（カットされていないもの）— 5㌘
A（酒200cc、醤油40cc、みりん40cc）

作り方

1 カズノコは薄皮を取り、水に5、6時間漬けて塩を抜く。
2 Aをまぜ、バットに入れる。酒（分量外）で一度洗った①を入れ、4、5時間漬け込む。
3 水で戻したワカメを②に二重に巻き付け、②の残った漬け汁に1時間ほど漬ける。幅2㌢ほどに切る。

鶏二身揚げ

材料

鶏胸肉 — 2枚
白身魚のすり身（タラなど）— 200㌘
卵白 — 1個分
塩 — 大さじ1
コショウ — 小さじ1

作り方

1 すり鉢で魚のすり身と卵白をまぜ、すりこ木でよく練る。
2 鶏胸肉にまんべんなく塩、コショウをし、皮のない方にかたくり粉（分量外）をはたき、①の半量をぬり付ける。もう一枚の胸肉も同様にする。
3 蒸し器で②を10分蒸し、取り出して冷ます。
4 ③を160～170度の油で、すり身がきつね色になるまで3～4分揚げる。冷めたら、幅1㌢ほどに切る。

器提供：高橋良明

錦玉子

材料

卵 ― 5個

A（砂糖60グラム、塩小さじ1）

作り方

1 卵は15分ほどゆでて、冷水にとって殻をむき、白身と黄身に分けて裏ごしする。

2 裏ごしした白身と黄身にAの半量をそれぞれ加え、まぜる。

3 流し缶に、まず黄身を高さ1センチになるように敷き詰め、押し固める。その上に白身を高さ1センチになるように敷き詰め、固める。蒸し器で15分ほど蒸し上げ、取り出して冷ます。

4 ③を流し缶から取り出し、幅1センチに切り、市松模様になるように重ね＝**写真**、食べやすい大きさに切る。

祝なます

生寿司 決め手は博多押し

匠のひと手間

生の魚を酢でしめたものを「生寿司《きずし》」といい、正月料理に必ず添えられます。正月には魚河岸が休みになり、昔は生の魚は手に入りませんでした。刺し身が食べられなかったので、生寿司が刺し身代わりになりました。小鯛《こだい》や小鰭《こはだ》のほか、鰆《さわら》などが代表的なものです。ごちそうが並ぶ中、甘酸っぱい味がちょうどよい箸休めになります。酢でしめた後、さらに魚を昆布で挟むと昆布のうま味が魚にもしみ込みます。「昆布、小鯛、昆布」のように、違う素材を互い違いに重ねることを博多帯に見立てて、「博多に押す」と言います。生寿司を作る時には昆布と魚の博多押しがポイントになります。

山牛蒡《ごぼう》は普通の牛蒡に比べ細め。シャリシャリした食感が特徴で、たたきごぼうにするのにはぴったりです。ゆですぎると、この食感がなくなってしまうのでゆで時間には注意してください。

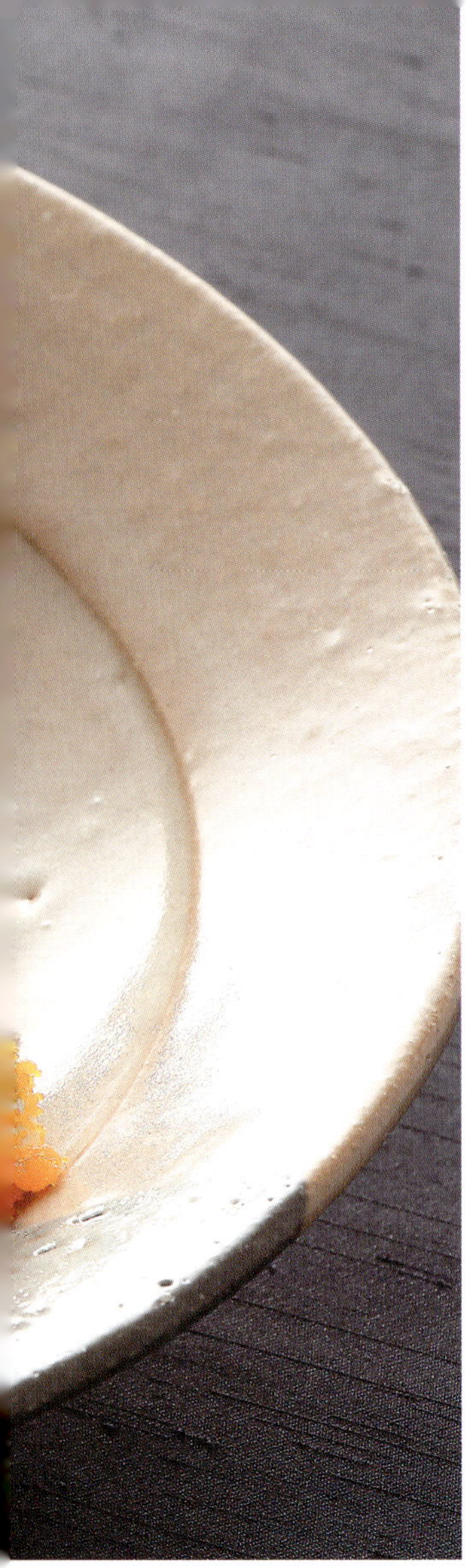

しめ小鯛

材料

コダイ — 4匹（1匹150グラム）
乾燥昆布（長さ30センチ）— 2枚
A（酢360cc、砂糖小さじ1）

作り方

1 コダイは水洗いして三枚におろし、塩（分量外）を軽く振って2時間ほど置く。
2 Aに①を1時間ほど漬ける。
3 昆布を酒（分量外）で拭き、上に②をのせ、上からまた昆布をのせ、ラップをかけて冷蔵庫で一昼夜置く＝**写真**。
4 一口大に切り、盛る。

しめ小鰭

材料

コハダ — 8匹
乾燥昆布（長さ20センチ）— 2枚
A（酢360cc、砂糖小さじ1）
卵黄 — 2個分
B（酢60cc、水30cc、砂糖20グラム）

作り方

1 コハダは水洗いして三枚におろし、塩（分量外）を軽く振って2時間ほど置く。

器提供：進藤兼興

2 Aに①を20分ほど漬ける。

3 昆布を酒（分量外）で拭き、上に②をのせ、上からまた昆布をのせ、ラップをかけて冷蔵庫に5～6時間置く。

4 ボウルで卵黄を溶き、鍋に沸かした湯で湯せんしながら3～4本の箸でまぜ続けていり卵を作り、湯からおろして冷ましておく。

5 Bをまぜて④を入れ、すぐにザルに上げ、③の皮目に付ける。

たたきごぼう

材料

ヤマゴボウ ― 8本
白ゴマ ― 大さじ2
A（水300cc、酢100cc、砂糖20グラム、塩小さじ1）

作り方

1 ヤマゴボウを水洗いし、長さ5センチに切りそろえ、5分ほどゆでて冷ます。

2 Aに①を一晩ほど漬け込む。

3 白ゴマはフライパンで煎り、冷めたら包丁で細かく切る。食べる直前に②にまぜて盛り付ける。

華やかに飾り切り　鍋留め

煮しめ

匠のひと手間

おいしい煮しめを作るコツは「鍋留め」。火にかけて煮汁で煮た後、鍋のまま冷ますことです。二度煮ることで、より味が染み、より傷みにくくなります。根菜を煮物にする時は必ず下ゆでを。煮汁の味がしみやすく、煮くずれもしにくくなります。

松笠慈姑《くわい》

材料

クワイ ― 8個
クチナシ ― 2、3個
A（だし汁360cc、みりん360cc、薄口醤油20cc、砂糖大さじ2）

作り方

1 クワイは底を平らに切り取って、芽に向かって皮を六角形にむく。芽の付け根から切り込みを入れ、松かさの模様にむき上げる＝**写真**。
2 クチナシを包丁で砕き、ガーゼで包んで湯を沸かした鍋に入れる。
3 ②に①を入れて20分ほどゆで、鍋のまま冷めるまで置き、水洗いする。
4 別の鍋にAを入れ、③を20分ほど煮てそのまま冷めるまで置く。再び火にかけ、弱火で20分ほど煮る。

鶴里芋

材料

サトイモ ― 8個
A（だし汁600cc、みりん40cc、薄口醤油40cc、砂糖大さじ2）

作り方

1 サトイモは水でよく洗い、上下を切り落とし、五角形になるように皮をむく。上面がツルのくちばしに見えるように飾り切りする＝**図**。中火で15分ほど下ゆでし、水洗いする。
2 鍋にAと①を入れ、中火で30分ほど煮てそのまま冷めるまで置く。再び火にかけ、弱火で20分ほど煮る。

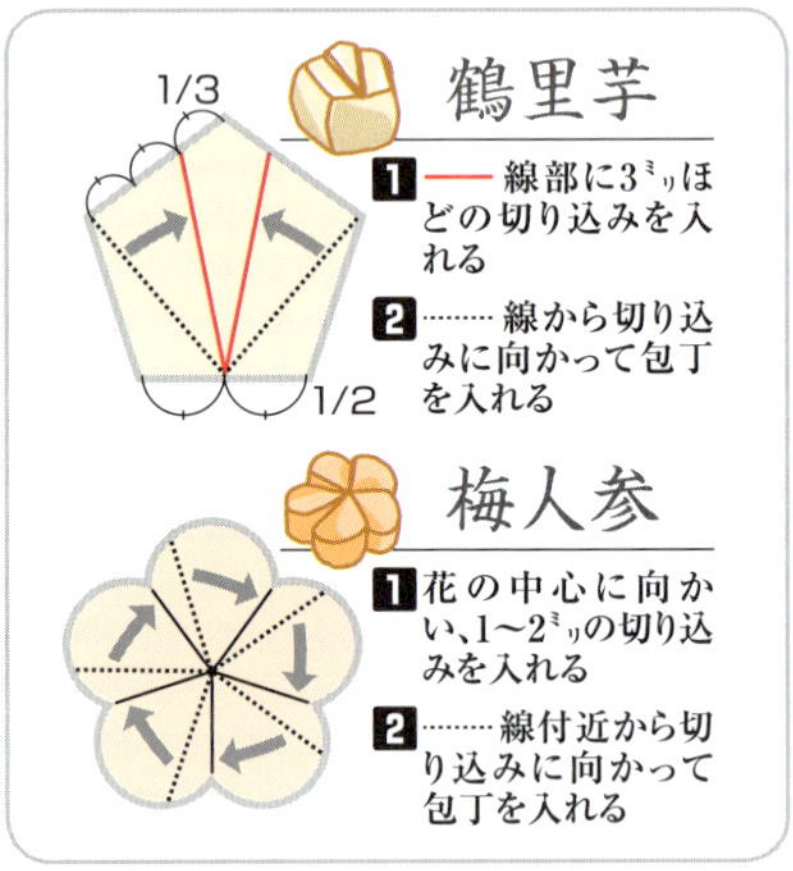
鶴里芋
1/3
1/2
1 ―― 線部に3ミリほどの切り込みを入れる
2 ……線から切り込みに向かって包丁を入れる
梅人参
1 花の中心に向かい、1〜2ミリの切り込みを入れる
2 ……線付近から切り込みに向かって包丁を入れる

手間暇かけ正月彩るおせち

黒豆

匠のひと手間

作りやすい多めの分量（10人分程）です。料亭では、4日がかりで作ります。美しい色つやの黒豆を作るための手間暇を紹介しました。火が強過ぎると豆が割れやすく、弱いと豆が鍋底にくっつきこげやすくなります。しっかり味を含ませ、長持ちさせるために砂糖蜜で二度煮します。この際、豆と蜜の温度に注意。同じ温度にしないと皮にしわが入りやすくなります。しっかり煮れば冷蔵庫で2週間もちます。

材料

黒豆 ― 250グラム　砂糖 ― 300グラム
濃口醤油 ― 大さじ1

作り方

1 黒豆を深めの鍋に入れてかぶるぐらいの水を入れ、一晩漬けておく。
2 そのまま中火にかけ、湯が対流し、豆が静かに湯の中を回る程度の火加減に調節する。蒸発し、湯が足りなくなったら80度くらいの湯を足す。夜間など、途中で火を止めながら、3日間

器提供：1864

梅人参

材料

京ニンジン ― 1本

A（だし汁320cc、みりん20cc、薄口醤油20cc、砂糖大さじ1½）

作り方

1 ニンジンは幅1㌢に切り、ウメ形の型抜きで抜き、花びらを飾り切りする＝図。

2 ①を中火で10分ほど下ゆでする。

3 別の鍋にAを入れ、②を20分ほど煮てそのまま冷めるまで置く。再び火にかけ、弱火で20分ほど煮る。

花蓮根

材料

レンコン ― 200㌘

酢 ― 大さじ1

A（だし汁320cc、みりん20cc、薄口醤油20cc、砂糖大さじ2）

作り方

1 レンコンは穴と穴の間に包丁で切り込みを入れ、切り込みに向かってカーブを描くように皮をむき、花の形に仕立てる。

2 湯に酢を入れ、①を15分ほど下ゆでし、水洗いする。

3 別の鍋にAを入れ、②を20分ほど煮てそのまま冷めるまで置く。再び火にかけ、弱火で20分ほど煮る。

ほど火を入れ続ける。

3 豆が軟らかくなったら、冷めるのを待ち、割れて切れ目が入った豆を取り除く。残った豆を鍋に入れた水に取り、40度ぐらいのお湯になるまで温める。

4 別の鍋に水900ccと砂糖100㌘を入れ、40度ぐらいになるまで熱し、③の豆を手ですくって入れる。80度ぐらいになるまで火を強め、中火で3時間ほど煮て、40度ぐらいになるまで冷ましておく。

5 違う鍋に水900ccと砂糖150㌘を入れ、40度ぐらいになるまで熱し、④の豆をすくって入れる。空気に触れないように表面をラップで覆い、弱火で3時間ほど煮る。この間、砂糖50㌘を少量ずつ加える。最後に醤油を入れ、30分ほど煮る。

器提供：高橋良明

揚げてもおいしい寒鰤

鰤のみぞれがけ

匠のひと手間

一年で最も寒さが厳しい季節は、鰤《ぶり》が一番おいしい時期でもあります。脂がのった味わい深い寒鰤を楽しめます。

寒鰤は大根との相性が抜群で、鰤大根はおなじみの一品ですね。揚げても美味で、大根おろしと一緒に食べるとあっさりした味わいになります。

ケッパーは西洋料理でよく使われる薬味の一種。酢漬けの瓶詰で売られています。独特の甘酸っぱさが特徴で、サーモンの付け合わせによく出されます。鰤と大根おろしにもよく合い、味を引き締めてくれます。

材料

- ブリの切り身（50グラム）— 4枚
- ダイコン — ½本
- ケッパー — 大さじ1
- アサツキ — 5本
- A（だし汁400cc、みりん40cc、薄口醤油40cc）

作り方

1 ブリの切り身に薄く塩（分量外）を振る。かたくり粉（分量外）をはたき、170度の油で揚げる。

2 ダイコンはおろし、Aと鍋に入れて一煮立ちさせる。

3 ブリに②をかけ、刻んだアサツキとケッパーをのせる。

器提供：高橋良明

器提供：原　武

酢飯を使わず蕪で巻く

鰤と蕪の寿司

匠のひと手間

鰤と蕪の寿司は酢飯は使わず、蕪で鰤を巻き、寿司に見立てました。蕪は市販されている千枚漬けを使ってもおいしいです。

谷中しょうがを甘酢に漬けたものを「はじかみ」と言い、紅色が美しく、添え物によく使われます。はじっこの白い部分を食べるので、「端をかむ」ことから名前が付いたと言われています。ピリッとしたしょうがの辛さがはし休めに最適です。焼き魚に添えられることが多いのは、魚の臭さを和らげる役目を果たすからです。

谷中しょうがは酢に漬けるだけでなく、生のまま味噌をつけて食べたり、天ぷらにしてもおいしいです。

材料

ブリの切り身（刺身用20グラム）―8枚
大きめのカブ―2個
ユズ―1個
乾燥昆布（長さ15センチ）―2枚
酢―180cc
谷中ショウガ―4本
A（酢90cc、水300cc、砂糖50グラム、塩5グラム）
B（だし汁80cc、酢20cc、みりん20cc、薄口醤油20cc）

作り方

1 谷中ショウガはさっと湯通しし、塩（分量外）を薄く振って冷まし、Aに2、3時間ほど漬ける。

2 ブリは厚さ1ミリに切り、塩（分量外）を薄く振って2、3時間置く。バットに酢を入れ、15分ほど漬ける。ブリを取り出し、コンブで挟んで3時間ほど置く。

3 Bは一度火にかけ、冷ます。カブをスライスし立て塩（20％の塩水）に漬けてしんなりさせ、Bに約2時間漬ける。

4 カブの上に細かく刻んだユズの皮を散らし、ブリをのせて、手で巻く。

海の幸に味が染み込む

鰤大根煮

匠のひと手間

鰤《ぶり》は一度霜降りにすることで、生臭さが消えます。煮物に入れる調味料の順番は「さしすせそ」。さは砂糖、しは塩、すは酢、せは醤油、そは味噌です。醤油を入れる時は、先に大さじ2を入れ、煮詰まり具合を味見しながら残りを加えてください。

煮物は冷める時に味が染み込みます。煮る時間を短縮でき、煮崩れも防げます。温め直して食べてください。

材料

ブリ切り身（80グラム）— 4枚
ダイコン — 1/3本（400グラム）
ショウガ — 大きめ1かけ（30グラム）
A（だし汁300cc、みりん50cc、酒100cc、濃口醤油大さじ3、砂糖大さじ2）
木の芽 — 適量

作り方

1 ブリを一口大に切る。
2 さっと熱湯につけ、ペーパータオルで水気をふきとる。
3 ダイコンは皮をむき、ブリと同じくらいの大きさに乱切りにする。
4 Aにブリとダイコンを入れ、30分ほど中火で煮て一回冷ます。
5 ショウガは皮をむき、ごく細く切り、水にさらす。
6 ④を温め直し、盛りつけ、水気をきった⑤と木の芽をのせる。

器提供：高橋良明

器提供：高部安子

風味際立ち　まろやかに

寒鰤の柚子味噌焼き

匠のひと手間

鰤を照り焼きにする時は甘辛めの醤油味が定番ですが、ここでは趣向を変えて、柚子味噌風味に仕上げてみました。

基本となるつけ汁は酒と味醂と醤油を同じ割合でまぜた「三同割」に白味噌をまぜたもの。味噌と柚子の風味が際立ち、普通の醤油味の照り焼きに比べ、まろやかな味わいになります。鰤は照り焼き、塩焼きのほか、洋風にバター焼きにし、バルサミコ酢をかけてもおいしくいただけます。

フキノトウはこの時期、露地物が最盛期です。春の訪れを感じさせるほろ苦さを味わってください。天ぷらでいただくと苦さが少し和らぎます。焼いて甘辛の味噌をぬるのもおすすめです。

材料

ブリ切り身（80グラム）― 4枚
A（酒90cc、みりん90cc、濃口醤油90cc）
白みそ ― 200グラム
ユズの皮 ― ¼個分
フキノトウ ― 4個
B（小麦粉40グラム、卵½個、水80cc）
塩 ― 少々

作り方

1 Aと白みそ、すりおろしたユズの皮をまぜ合わせ、ブリを20分ほど漬け込む。
2 ブリを取り出し、はしなどでみそを取り、グリルで10分ずつ両面を焼く。最後に表になる面に①で残ったユズみそをつけ、1分ほど焼く。
3 フキノトウは縦半分に切り、Bをまぜ合わせた衣をつけ、180度の油で2分ほど揚げる。
4 ②と③を皿に盛り、③には塩を少量かけていただく。

染み込ませる精進の心

高野豆腐含め煮

匠のひと手間

高野豆腐は、よく絞らないと真ん中の線で割れてきます。鍋の中で浮きやすいので、ペーパータオルをかけて煮ましょう。落としぶたでもかまいません。しっとりと仕上がります。

高野豆腐の含め煮は、煮汁を多めにすることが大切です。真ん中に硬いところができてしまうので注意してください。美味しい煮汁は野菜の煮浸しにも使えます。

材料

高野豆腐 ― 4枚
車エビ（25グラム）― 4尾
A（酒200cc、みりん30cc、薄口醤油20cc）
ショウガ ― 適量
B（だし汁1000cc、砂糖大さじ3、みりん小さじ1、薄口醤油小さじ6）
インゲン ― 4本
木の芽 ― 少々

作り方

1 高野豆腐は80度ほどのぬるま湯に30分ほど漬けて軟らかくする。2〜3回水を替え、白く濁った水が出なくなるまで押して絞る。
2 車エビは殻付きのまま竹ぐしで背わたをとる。Aに薄く切ったショウガを入れて沸騰させる。車エビを入れて中火で2分煮上げ、殻をむいておく。
3 大きめの鍋に高野豆腐を入れ、Bをかぶるくらい加え、ペーパータオルをかぶせて煮る。煮立ったら弱火で30分煮含める。
4 ③を煮汁から上げ、1枚を3等分に切り、煮汁に戻す。
5 インゲンを10センチほどに切って軽く下ゆでし、高野豆腐の煮汁に漬ける。食べる直前にあたためる。
6 ④と⑤を器に盛り、木の芽を添える。

器提供：梅村正信

ひと味違う洋風ステーキ

焼大根コンソメスープ煮

匠のひと手間

固形のコンソメスープは塩分が濃いので、味見しながら煮てください。大根は1人1切れの分量ですが、写真では梅の花に見立てて5個盛りました。甘長《あまなが》唐辛子は京野菜です。辛くありません。よく熟すと赤くなります。牛蒡《ごぼう》は160〜170度で揚げてください。温度が高いと焦げて黒くなってしまいます。帆立《ほたて》は生で食べられる新鮮なものを使ってください。

材料

ダイコン — 8㌢
A（水360cc、みりん20cc）
コンソメ（固形）— 1個
サラダ油 — 適量
ホタテ（殻付き）— 4個
割りポン酢（だし汁40cc、ポン酢20cc）
甘長唐辛子 — 赤青各2本
ゴボウ — 30㌢
ネギ — 1/4本

作り方

1 ダイコンは皮をむき2㌢の厚さに切って、面取りする。コメのとぎ汁で竹ぐしが刺さるぐらいまで湯がく。
2 Aにコンソメを加え、①を中火の弱で20分ほど煮含める。
3 ②からダイコンを取り出し、フライパンで片面に焼き目をつける。
4 ホタテは片面だけ軽く焼き目をつけ、裏返して割りポン酢で味付けする。
5 赤青甘長唐辛子は千切り、ゴボウはささがきにし、別々に軽く揚げる。ネギは白髪ネギにする。
6 器にダイコンを盛りホタテをのせて、残った割りポン酢をかけ、⑤をのせる。

春を呼び込む魚介

海鮮サラダ

匠のひと手間

ここでは早春の魚を代表して細魚《さより》を使いましたが、鯛《たい》やほかの貝類も使ってみてください。山菜を加えても季節感がでていいでしょう。ドレッシングに胡麻ペーストを入れても美味しく食べられます。

材料

- サヨリ ― 2匹
- だし昆布 ― 4枚
- ホッキ貝 ― 2個
- A（酒80cc、みりん10cc、薄口醤油10cc）
- 車エビ ― 8尾
- ベビーリーフ ― 1袋
- チコリ ― 8枚
- マッシュルーム ― 4個
- キュウリ ― 1本
- ニンジン ― 適量
- ドレッシング（白ワインビネガー160cc、薄口醤油80cc、サラダ油80cc、砂糖小さじ2）

作り方

1 サヨリは三枚におろし、皮をひく。昆布を酒で拭き、薄く塩を振ったサヨリを挟んで冷蔵庫に入れ、4～5時間置いた後、長さ約3センチに切る。

2 ホッキ貝をAで先端が赤くなるまで1～2分煮る。開いて上下半分に切った後、縦に4等分する。

3 車エビは殻のまま塩ゆでし、殻をむいて食べやすい大きさに切る。

4 チコリは上下半分に切り、縦に4等分する。マッシュルームは薄切り。キュウリは面取りして2センチに四角く切る。ベビーリーフは冷たい水に放ってパリッとさせる。ニンジンはかつらむきをした後、5～6センチの長さに斜め切りし、水に2秒ほど漬けた後、箸先などに巻き、カールさせて「よりニンジン」にする。

5 サラダの材料を皿に盛り、ドレッシングをかける。

器提供：林　則子

器提供：1864

鍋でもいける　鮪と葱

葱鮪鍋

匠のひと手間

鮪《まぐろ》と葱《ねぎ》を使った体が温まる鍋を作ってみました。

冬場が旬の葱は甘みが増し、脂ののった鮪と相性抜群です。鮪は中トロがおすすめ。鍋の汁のおいしさが増します。鍋の汁にうま味が出て、豆腐にも味がしみ、おいしく食べられます。

具材はシンプルなのが一番。鍋の定番、白菜を入れると、水分が出すぎて、鮪のうま味が薄まってしまいます。もし、ほかに具材を入れるなら、水菜ぐらいが適当でしょう。

材料

マグロ（刺身用のサク）― 150グラム
ネギ ― 1本
焼き豆腐 ― 1丁
シイタケ ― 8枚
木の芽 ― 適量
A（だし汁650cc、酒50cc、みりん50cc、薄口醤油50cc）

作り方

1 マグロは幅2センチに切る。鍋に湯を沸かし、マグロを周りが白くなるぐらいにさっとくぐらせ、冷水に取り、ザルに上げる。
2 ネギは半分に切り、グリルで焼き目を付け、各四等分に切る。
3 豆腐は食べやすい大きさに切る。シイタケは石づきを取り、30秒ほどゆでておく。
4 Aを鍋で熱し、具材を全部入れ、5分ほど煮る。木の芽を上にのせる。

ウスター決め手　家庭の味

金目鯛唐揚げソースあんかけ

匠のひと手間

金目鯛《きんめだい》の切り身に竹串を2本刺して揚げると、皮目の方にそらず、きれいな形に揚がります。揚がりきると身がしまってしまうので、油の中で串を回しながら抜いてください。やけどしないように注意して。
家庭に合う料理としてウスターソースを使いました。割りソースあんはだし汁5、味醂、薄口醤油各1の割合の天だしに1割ほどの量のウスターソースを加えます。海老真丈《しんじょう》にかけてもおいしいです。白髪ネギと針青唐辛子は、白身の魚によく合います。

材料

キンメダイの切り身（50グラム）— 4切れ
かたくり粉 — 適量
サラダ油 — 適量
青唐辛子 — 12本
ネギ — 1本
割りソースあん（だし汁100cc、みりん20cc、薄口醤油20cc、ウスターソース15cc）

作り方

1 キンメダイの切り身に薄く塩（分量外）を振り、かたくり粉をまぶす。160～170度の油で3分ほど揚げる。
2 青唐辛子の中の種をとり、素早く揚げてから針のように細く刻む。ネギを2センチに切り、細く切って水にさらし、白髪ネギにする。
3 割りソースあんに水溶きかたくり粉でとろみをつけ、揚げたキンメダイにかける。
4 白髪ネギの水気をよく取り、針青唐辛子と一緒にキンメダイの上に天盛りにする。

器提供：高橋良明

器提供：新井つや子

蕪の甘み　卵白でしっとり

金目鯛の蕪蒸し

匠のひと手間

蕪蒸しは蕪の甘さを最大限に引き出してくれる食べ方です。料亭では天王寺蕪を使うのが一般的ですが、手に入らない場合は大きめの蕪4、5個で足りるでしょう。すりおろした蕪だけではまとまらないので、メレンゲとさっくりまぜ、しっとり感を出します。具はキクラゲやシメジなどを入れてもいいですね。

蒸す前に、車エビが見えるように盛り付けると色合いがよくなります。

材料

キンメダイの切り身（40グラム）— 4枚
車エビ — 4尾　ユリ根 — 1個
大きめのカブ — 4個　カブの茎 — 適量
卵白 — 1個分　塩 — 小さじ1/3
乾燥昆布（5センチ角）— 4枚
ワサビ — 適量
A（だし汁150cc、みりん大さじ1、薄口醤油大さじ1）
かたくり粉 — 大さじ3

作り方

1 キンメダイの切り身に薄く塩（分量外）を振り、熱湯を入れた鍋にさっとくぐらせる。

2 車エビは殻の間に竹ぐしを入れて背わたを取り、殻のまま1〜2分ゆで、冷めたら殻をむく。ユリ根は1枚ずつはがし、弱火で2分ほどゆでておく。

3 卵白は七分立てに泡立て、メレンゲを作る。

4 カブは皮をむき、できるだけ細かいおろし金ですりおろし、ザルに上げ、水分を切る。③のメレンゲと合わせ＝**写真**、塩も入れ、さっくりまぜる。

5 器を四つ用意し、昆布を敷いて①を置き、7分ほど蒸し器で蒸す。

6 ④に車エビとユリ根をまぜ、四等分して⑤の上に盛り、蒸し器でさらに3分ほど蒸し上げる。

7 鍋にAを入れて沸騰させ、水溶きかたくり粉を入れてあんを作り、⑥にかける。わさびとゆでたカブの茎を上にのせる。

お膳に華やぎ添えて

穴子の赤ワイン煮

匠のひと手間

赤ワインに合わせて、洋食用のポロネギ（リーキ）を選びました。普通のネギに比べ、煮た時どろっとしません。ネギを鍋に入れるタイミングは好みによりますが、一度焼いているので煮上がる寸前に。最後に煮詰める時に入れてもいいです。干しぶどうを使うのがコツ。煮汁に甘みが増します。煮詰めた汁に再び入れると、穴子につやがでます。ネギの甘みもましておいしいです。

材料

アナゴ（開いたもの1本180グラム）— 2本
ポロネギ — 1本
A（料理用赤ワイン300cc、砂糖45グラム、薄口醤油40cc）
干しぶどう — 20粒

作り方

1 アナゴの皮目に湯をかけ、白くなったところのぬめりを包丁の背でこそげ取る。幅4センチに切って、縦半分に切る。

2 ポロネギはグリルで焼き目をつけてアナゴと同じ大きさに切る。太ければ縦半分に切る。

3 鍋にAとアナゴと干しぶどうを入れ、中火で10分ほど煮上げる。最後にポロネギも入れる。

4 汁1/3ほどを別の鍋に取って煮詰め、そこにアナゴとポロネギをもう一度入れる。中火で2～3分煮る。

器提供：手塚秀子

器提供：高橋良明

色や香りもめでる　初春

鱈の白子 雪化粧焼とポン酢和え

匠のひと手間

白子は生臭さが残ってしまうので、よくもみ洗いしてぬめりを取ってください。雪化粧焼も生の状態だと崩れてしまうので軽くゆでますが、ゆで過ぎるとぼそぼそになってしまうので気をつけてください。

バルサミコ酢は一度沸騰させ、煮切ってください。酸味が抑えられ、甘みが出ます。1～2週間もつので多めにつくり、魚のバター焼きなどに使ってください。柚子釜には入れすぎると酸っぱくなるので2～3滴で。

材料

ユズ ― 8個　玉ネギ ― ½個
バター ― 20グラム
割り醤油（酒40cc、みりん30cc、醤油30cc、砂糖小さじ1）
タラの白子 ― 15切れ（320グラム）
塩 ― 大さじ1　小麦粉 ― 少々
サラダ油 ― 適量　レモン ― ¼個
バルサミコ酢 ― 少々　ポン酢 ― 40cc
アサツキ ― 少々　一味とうがらし ― 少々

作り方

1 ユズの中身をくりぬいて柚子釜を作る。

2 玉ネギを薄切りし、バター約10グラムを入れたフライパンでしんなりするまで炒め、割り醤油約20ccで味をつける。

3 白子に塩を振ってよくまぜ、ぬめりを水で洗い流す。2分ほどゆで一口大に切る。ペーパータオルで水分を拭き取る。

4 雪化粧焼は、白子半量に塩を少々（分量外）振り、小麦粉をはたいてサラダ油を引いたフライパンで焼く。裏返したら残りのバターを入れ、弱めの中火で焼き、焼き上がりに残りの割り醤油をかけ、レモン汁を搾る。

5 柚子釜に②、④の順で盛り、バルサミコ酢をたらす。

6 ポン酢和えは、柚子釜に残りの③の白子を盛り、ポン酢1人分10ccをかけ、刻んだアサツキをのせて一味とうがらしを振る。

定番　ゆっくり煮てツヤ出し
鰯の梅煮

匠のひと手間

梅煮は鰯料理の定番の一品。鰯《いわし》は2、3月が脂がのり、特においしい時季です。料亭では普通の鍋で手間と時間をかけて煮上げますが、ここでは圧力鍋での作り方を紹介しました。

ご家庭にある圧力鍋によって、火加減の調節は微妙に違ってきます。加圧時の火加減の目安は弱めの中火です。火が強すぎると、鰯が煮崩れしてしまいます。火を止めた後の煮汁の煮詰め方にも注意。弱火でゆっくり煮詰めると、鰯にツヤが出てきます。火が強すぎると、煮汁の味が辛めになり、台無しになってしまいます。お持ちの圧力鍋が容量2〜3リットルほどで小さめな場合は、分量を少なめにしてください。酒と水が1対1の割合を守り、分量を調節します。

梅干しを入れるのは梅の酸味に骨を軟らかくする効果があるため。鰯の生臭さを消す役目もあります。梅干しの種は盛り付ける時に取り除いてください。

材料

イワシ ― 12匹
ショウガ ― 50グラム
梅干し ― 5個（30グラム）
A（酒1080cc、水1080cc、砂糖130グラム、醤油180cc）
木の芽 ― 適量

作り方

1 イワシは包丁で頭と内臓を取り、水洗いする。ショウガは皮をむき、5ミリの厚さに切る。

2 圧力鍋にイワシを並べ、Aとショウガ、梅干しを入れ、30分ほど圧力をかける。火を止めて10分ほどおき、圧が下がったのを確認してからふたを開け、煮汁がなくなるまでさらに弱火で20分ほど煮詰める。

3 器に盛り、木の芽をのせる。

器提供：高橋良明

器提供：1864

温と冷　春も先取り舌鼓

鰯つみれ鍋

匠のひと手間

真鰯の大きいものを「大羽鰯」と呼びます。手で開くと中骨が取れます。残った骨は骨抜きで取ってください。1本で2個のつみれをつくります。フードプロセッサーを使ってもかまいません。

材料

- 大羽イワシ（30《グラム》）― 4匹
- 卵 ― ½個
- A（みりん大さじ1、薄口醤油大さじ1）
- ショウガ ― 適量
- かたくり粉 ― 大さじ1
- B（だし汁1200cc、酒40cc、みりん40cc、薄口醤油40cc）
- セリ ― 1束
- 絹豆腐 ― 1丁
- シイタケ ― 4個
- ゴボウ ― 40《センチ》
- ネギ ― 40《センチ》

作り方

1 イワシは頭を切り落とし、内臓を取って水洗いする。中骨と身の間に親指を入れ、中骨に沿って身をはずし、中骨を取り除く。皮を取り、包丁で細かくたたく。

2 すり鉢で①を卵とまぜ、Aとショウガのみじん切り、かたくり粉を加え、20《グラム》ほどのつみれにする。

3 鍋にBを入れ、中火で2～3分つみれをやや固めに煮る。

4 豆腐を1/8に切る。シイタケは石づきを取る。セリは水洗いし、5《センチ》ほどに切る。ゴボウはささがきにする。ネギは5《センチ》に切り、縦半分にする。

5 つみれの入った鍋に豆腐、シイタケ、ゴボウを入れて1～2分火にかけネギとセリを加える。

6 器に取り分け、お好みで搾った汁ショウガを2～3滴入れる。

ふんわりとろり　優しい味

海老真丈白菜重ね蒸し

匠のひと手間

海老真丈《しんじょう》は、海老だけだと硬くなるので、玉子の素を使いました。さっと温めたボウルに卵黄を入れ、サラダ油を少しずつ加えてまぜると、表面につやが出ます。徐々に加えれば分離しません。真丈地に使うと素材がふんわり仕上がります。おろした大和芋を使えば真薯《しんじょ》になります。

材料

エビ（ブラックタイガー）230グラム ― 大きめ8尾
玉ネギ ― ½個　サラダ油 ― 適量
白菜 ― 4枚
玉子の素（卵黄1個分、サラダ油180cc）
＝実際に使うのは¼
八方だし（だし汁200cc、みりん20cc、薄口醤油20cc）
かたくり粉 ― 大さじ2　ユズ ― 適量

作り方

1 ボウルに卵黄を入れ、泡立て器でまぜながら、サラダ油を少しずつ加えてマヨネーズ状にして玉子の素をつくる。
2 エビは殻をむき、包丁でよくたたく。
3 玉ネギをみじん切りにし、油をひいたフライパンでしんなりするまで炒め、バットにうつして冷ます。
4 ③に①の¼を入れ、塩をほんの少々（分量外）振り、②とまぜる。
5 白菜は1枚ずつゆで、ザルにとって冷ます。上下を互い違いにした2枚をラップにのせ、内側にかたくり粉（分量外）をまぶす。③をのせ、巻きすで巻く。
6 ラップで包んだままの⑤を10分ほど蒸し上げ、半分に切って八方だしで含め煮する。ここでラップをはずし、一口大に切って器に盛る。
7 ⑥の煮汁80ccに水溶きかたくり粉を加え、白菜の上からかけ、細く切ったユズをのせる。

器提供：1864

器提供：手塚秀子

黄身酢ときゅうり　鮮やかに

鰯うぐいす和え

材料

大羽イワシ — 2匹
酢 — 適量
乾燥昆布 — 適量
ウド — 1/4本
金時ニンジン — 1/2本
キュウリ — 2本
A（卵黄5個分、千鳥酢80cc、砂糖30グラム、薄口醤油5cc）

作り方

1 イワシを水洗いし、手で開く。中骨を抜き、軽く塩（分量外）を振り20分ほど置く。
2 隠れる程度の酢に砂糖をひとつまみ入れ、10分ほどしめる。
3 ②の皮をひき、酒で拭いた昆布ではさんで、4〜5時間しめる。3センチに切る。
4 ウドは皮をむき、長さ3センチの短冊切りにする。ニンジンとキュウリ1/2も同じように切り、薄い塩水（分量外）につけておく。
5 Aをまぜて黄身酢をつくり、キュウリ1本半分をすりおろして加える。
6 イワシと野菜を器に乱盛りし、その上に⑤をかける。

箸休めにも　デザートにも

干柿と柚子皮シロップ煮 生クリーム和え

器提供：1864

材料

ユズ — 1個
砂糖 — 40グラム
干し柿（市田柿）— 6個
生クリーム — 100cc

作り方

1 ユズを横半分に切り中身をくりぬいた皮を、沸騰したお湯で5分ほどゆでる。内側の白い部分をスプーンでこそげ取り、水にさらす。これを2〜3回繰り返す。
2 水180ccに砂糖を溶かしたシロップに①を入れ、とろ火で煮含める。軟らかく煮えたら縦半分に切り、5ミリほどに細く切る。
3 干し柿は一口大に切る。
4 生クリームを角が立つくらい硬めに泡立て、②と③を和える。

著者紹介

高橋良明（たかはし　よしあき）

1941年、宮城県の料理屋の四男に生まれ、18歳で上京し料理人となる。21歳から老舗料亭「金田中」で働き始め、2007年には総料理長。11年2月に退職後は、会員制レストラン「1864」で料理長として腕を振るう。

日本料理研究会師範

東京都優秀技能者知事賞（東京マイスター）

卓越技能章（現代の名工）

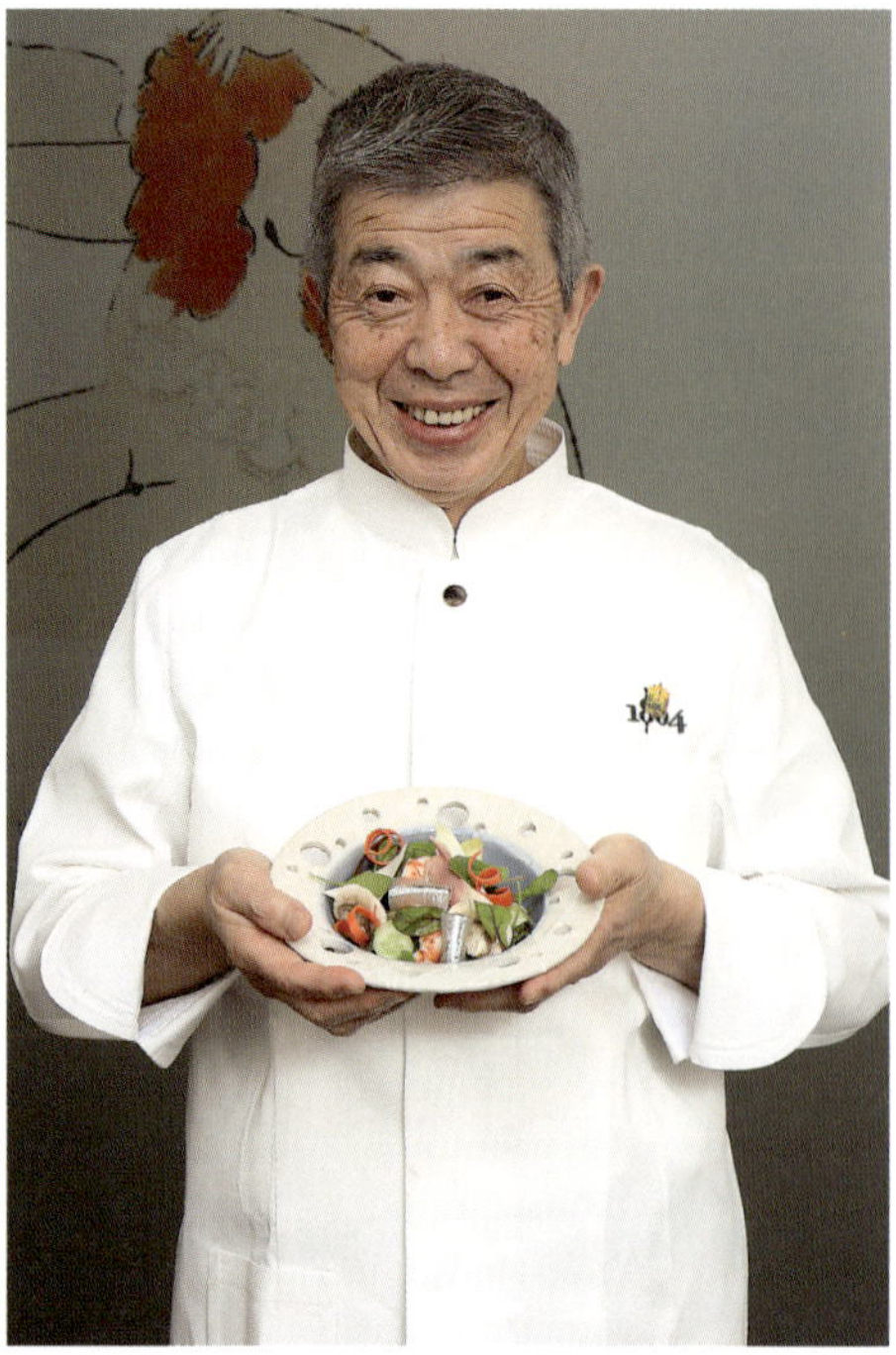

料理写真撮影

五十嵐文人

鯛と菜の花のばら寿司、冬瓜のっぺ仕立て、秋の吹き寄せなど86品

淡路久喜

鶏笹身千種和えなど8品

※器提供は各料理写真に記載。個人名は作家のお名前。「東山堂」は東京・築地の陶磁器店の品。「1864」は著者が料理長を務める会員制レストランの所蔵品。

初出　東京新聞・中日新聞・北陸中日新聞サンデー版連載（２０１３年４月７日～15年３月29日）
書籍化にあたり再編集・再構成しました。

日曜日は料亭気分

2015年11月27日　第1刷発行

著　者 ――― 高橋良明

発行者 ――― 川瀬真人

発行所 ――― 東京新聞
〒100-8505
東京都千代田区内幸町2-1-4
中日新聞東京本社
電話［編集］03-6910-2521
　　［営業］03-6910-2527
FAX 03-3595-4831

印刷・製本 ――― 長苗印刷株式会社

デザイン ――― 株式会社ポンプワークショップ

ISBN978-4-8083-1005-9　C0077